北海道怪談

田辺青蛙

竹書房
怪談
文庫

目次

まえがき

私の夫は生まれも育ちも北海道の人だ。

それまで私にとって北海道は縁もゆかりもない土地だったのだけれど、結婚を機に定期的に訪れることになった。

親戚が集まるとここ最近あった出来事の報告の合間に、「こんなことが昔あったのを知ってる？」「あの場所でちょっとおかしなものを見た人がいるの……」と、北海道内での怖い話や不思議な話が自然と集まるようになった。

北海道のそういった話をもっと知りたいと段々思うようになり、親戚だけでなく夫の友人や幼馴染からもやがて様々な体験談が寄せられるようになってきた。

夫は札幌に長いこと住んでいたのだが、親族は小樽や旭川や函館に住んでいる。

他にも幼馴染や友人、北海道在住時の勤務先の同僚を含めると道内の広い範囲の話をツテで集めることが出来そうだった。

そうすると欲が出てきて、あちこち自分でも調べるうちに気が付けば取材ノートが十冊を超えていた。

その取材ノートの一部を編集部に持ち込んだのが、この本が出るきっかけとなった。

肉が焦げるにおい――（札幌市）

真駒内《まこまない》に住むUさんから聞いた話。

冬になると、小学校でコークスのストーブを使った遊びが流行したんです。今は電気ヒーターかも知れませんが、当時は学校のストーブといえばコークスしか無かったんです。

寒い日に轟々《ごうごう》と音を立てるコークスのストーブで、消しゴムの滓《かす》やらを燃やす遊びをみんなやっていましたね。小学生ってそういうちょっと危ない遊びが好きでしょう？　先生が何度も止めろって言っても、誰も聞かなくって。

上履きの裏を押し当てて、ゴムの部分を溶かして、くっ付く感触を楽しんだり、こっそりと砂糖を持ち込んで、昼休みにべっこう飴を作ったこともありますよ。あれは流石《さすが》に砂糖の甘い匂いが教室中にしたから、すぐにバレちゃいましたけどね。体罰とかうるさく言われる時代じゃなかったから、砂糖を持ち込んだ子は先生にげんこつで殴られて痛そうだったな。

ストーブのてっぺんには、お湯の入った洗面器が湿度を保つために乗せられていてね、そこに指を何秒浸《ひた》せるかっていう根性試しなんかもやりました。それと、手を濡らしてストーブに水滴をバッと散らして、バチバチって爆ぜさせて遊んだりしてね。

今思うと、どれも何があんなに面白かったのか、全く理解できないような遊びですけど。コークスを運ぶのは当番制で、重たいし服に黒い汚れが付くんでみんな嫌がっていました。そんな風に小学校とストーブで色々と思い出すことはあるんですが、不穏な記憶もあるんです。

隣のクラスでストーブを使用中に、ときどき肉が焦げるにおいが教室内に急に漂い始めることがあったんですよ。

昔、ストーブに頭を突っ込んで自殺した先生がいて、だからにおうんだって小学校で語り継がれていてね、私も友達と何度か嗅ぎに行ったことがあるんです。

おい、隣のクラスのストーブが肉臭いらしいぞって。

で、友達は隣のクラスに入るなり「本当だ！　肉が焦げてるにおいがする!!」って騒いでいたんですけど、私はそんな風には感じなかったんです。

どんなにおいだったかというと、パーマを当てる時のにおいというか、髪の毛が焦げるようなにおいだなって。

あとなんだろう、胃の奥がずーんとなるような、薬品っぽいケミカルなにおいもしてました。

噂なんで、本当にそういうことをして、亡くなった人がいたかどうかは分からないんですけどね。

ただ、当時通っていた小学校は八クラスあったんですけれど、そのクラスの子だけ、やたら怪我や事故に遭う回数が多かったです。

担任の先生も三回骨折していて、しかも治った頃にまた同じ場所を折ってしまうんです。

それと、雪下ろしの作業中に埋まって、危うく窒息しかけた子もそのクラスだったし、軒下を歩いていてつららが刺さって大怪我したのもそのクラスの子でした。

危ないんですよ、つららって。綺麗なんて言いながら、スマホ持って軒下に入って行こうとする観光客を見たことあるんですけどね、あんなの自殺行為ですよ。

話を戻しますが、頻繁《ひんぱん》に誰かしらが怪我で保健室に行ってて、決まってそれがストーブの出ている冬場で、例のクラスの子ばかりなんですよ。

翌年もその教室に進級した子に同じようなことが起こって、噂では、ＰＴＡのお願いでそのストーブをお祓《はら》いしたとかも聞きました。

じゃあ、買い替えればいいのにって思うんですが、卒業するまでそのストーブは毎年その教室で使われていました。その後も、怪我人が出続けていたし、定期的に肉の焦げるにおいがするって騒ぎも起こっていました。

今はああいう旧式コークスのストーブを使っている学校はないでしょうけどね。

毎年ね、冬になる度にふっと古い教室にあったコークスのストーブを思い出すんです。

みかえりの柏――（鷹栖町）

鷹栖町《たかすちょう》にあるゴルフ場に通じる道路の途中に、一本の柏《かしわ》の木がある。

かつて富山からの開拓民がこの地に住んでいたのだけれど、度重なる冷害などに苦しめられ、内地から家族のように大事に連れてきた牛馬を食べて飢えを凌《しの》ぐほど、困窮してしまった。

短い秋の終わりに差し掛かった頃のある日、冬を迎える前にと、村人全員で話し合った結果、歯を食いしばって開拓してきた土地を泣く泣く離れることに決めた。

その時に村の入り口にあった、紅葉で燃えるような森に立つ、守り神のような大きな柏の木を、なんども皆が見返りながら、徒歩で別の土地に移っていった。

その後、道路を作るためその柏の木を伐《き》ろうとしたところ、斧《おの》を持った人の手足が痺《しび》れ、次々と倒れてしまったので、結局あきらめてこの木を迂回して道路が作られたそうだ。

しかし昭和六十年の嵐によって、この柏の木は倒れてしまい、現在あるのはその後に植えられた木だという。

水の音――（札幌市）

未だに定山渓《じょうざんけい》というと、子供のころ聞いた定山渓にあるホテルのＣＭソングが脳内でエンドレスで流れ出すという、夫の幼馴染《おさななじみ》からこんな話を聞いた。

定山渓にあるプール付きのホテルに宿泊した時、ばちゃばちゃばちゃって夜に水音が煩《うるさ》くって仕方なかったんです。どこからか反響するような水音で、ナイトプールでもやっていて、その騒ぎがどこからか伝わって聞こえてくるのかなって、あまりにも耳障《みみざわ》りだったからフロントに内線でクレームを入れたんです。

そしたらナイトプールは行っておりませんので、お風呂やシャワーにお連れ様が入られている水音を勘違いされていませんか？　って言われちゃって。

お連れ様も何も、一人で泊まっていますからって内線で返したんだけどね、もしかしたら蛇口開けっ放しにしていたかもなって思って、念のために風呂場を確認してみたんです。

でも、きっちり蛇口は閉まっていたし、水の一滴も出ていなくって。

なのにね、相変わらずばちゃばちゃと水音と、今度は子供の声まで聞こえていたから、フロントに再度電話をしたんですよ。

「子供がプールで遊んでいるような音が、部屋に響いて仕方ないんですが」って。

そしたら、別の人に電話を代わられて平謝りされて、違う部屋に代えてくれたんです。

しかも新しい部屋の鍵を持って来てくれた時にね、こんな話をしてくれたんですよ。

「お客様、大変申し訳ございませんでした。実は過去に当ホテル内のプールで児童が亡くなる事故がございまして、その時にご遺体の安置場所にお客様が利用されていた部屋を使用しておりました。

過去に水音の騒ぎなどはなかったのですが、時々何か感じられるお客様がいらっしゃると聞いておりまして……」

ホテルの人が、宿泊客にあっさり凄い話をするなって驚いちゃって。


チェックアウトしてから数日後に調べて分かったんだけど、亡くなった児童は一人らしいんです。でも、あの時聞いた水音は複数の人が騒いでいた感じで、その点がおかしいというか、不思議に思ってて。

もしかしたらあの世の幽霊たちが、その子のために一緒に遊んでやっていたのかな。

でも、どうしてプールじゃなくって俺が泊まっていた部屋だったのかなあ。

部屋を代えた後もね、荷物が全体的にしっとりと湿気《しけ》っていて、着替えで体が冷えて風邪ひいちゃいました。

翌年もたまたま出張で同じホテルに泊まることになって、また偶然同じ部屋だったんだけれど、その時は何も聞こえないし、変なことは起こらなかったから、成仏したのかな。

この話をしてくれた人は特に霊感があるとか、そういうタイプではなく、不思議な体験は後にも先にも、これだけだということだった。

碧血碑——（函館市）

函館山の手前にある碧血碑《へきけつひ》は、「義に殉じて流した武士《もののふ》の血は、三年たつと碧色の宝石となる」という中国故事にちなんで名づけられた碑で、土方歳三《ひじかたとしぞう》を含む、戊辰《ぼしん》戦争、箱館戦争での旧幕府軍の戦没者（約八百名）の霊を慰めるために、明治八年に建立された。碑に大きく描かれている「碧血碑」の文字は、緒方洪庵《おがたこうあん》の適塾でコレラの治療等も行った、蘭学医であり軍人、他にも様々な経歴を持つ大鳥圭介《おおとりけいすけ》によるものとも言われている。

当時、新政府軍は旧幕府軍の戦死者の埋葬を許可しなかったために、夥《おびただ》しい数の死体が地面に横たわったままで放置され、酸鼻《さんび》きわまる状況だった。土に塗《まみ》れて、朽ちていく遺体を哀れに思った、函館の侠客《きょうかく》・柳川熊吉《やながわくまきち》は、新政府の怒りを買って打ち首になる可能性があることを知っていながら、遺体を回収し寺院に仮埋葬を行った。熊吉は五稜郭《ごりょうかく》の建築工事に侠客仲間を派遣していた。その繋がりで、土方歳三らと後の戊辰戦争で五稜郭に立てこもった榎本武揚《えのもとたけあき》とも交流があったそうだ。

賊軍《ぞくぐん》を埋葬し、慰霊を行うという明治の新政府の掟に触れた熊吉だったが、新政府軍の関係者らの口添えもあり、軍事裁判で死刑判決を受けたにもかかわらず、刑は執行されることなく、放免となった。

その後、熊吉は函館山の麓の土地を購入し、寺院から仮埋葬していた遺体をその地に移し、箱館戦争の生き残りである榎本武揚らと協力して、碧血碑を建てた。

ここに肝試しに来ると、その帰りに怪我をするという話が幾つも寄せられている。戦死者を茶化した人がどんっと何かに押されて、石でスパっと深く足を切ってしまった話も聞いた。

今もなお、この碑を熊吉が守っているのかも知れない。

雪が追う――（札幌市）

かつて札幌市内で高校教師をしていた作家のKさんにこんな話を聞いた。

「雪が追う、雪に追われるという噂が小学校の頃にあって、実際に通学途中に一人でいると凄い速さで雪の塊《かたまり》が追ってきて口を塞がれたことがありました。

小学校の一、二年生の頃の体験だったんですけれど、雪で出来た塊にしっかりと口を塞がれて、鼻に雪で出来た冷たい指のようなものがかかった時は猛烈に恐ろしかったです。心臓がバクバクするんですよ、思い出すだけで……。今も、雪の日は後ろから雪の塊が後ろから追って来ていないか気になって、振り返って確かめてしまいますね。

数センチ先も見えない吹雪の中、ぬうっと白いアレが出て来てまた目鼻立ちを塞がれてしまったらと思うとね、体温が下がったようにさえ感じるんですよ。だから雪の日は外に出るのがあまり好きでないんです。子供の頃から……」

Kさんは、あれが何かは考えたくもないということだった。

シタキ——（余市町）

札幌市内でバーテンダーをしている方から聞いた話。


こういう寒い日に思い出してしまう話があります。

わたしは、この辺りの生まれではなくって元々、余市《よいち》漁港の出身です。

静かな漁港で、観光名所というと、海の中にロウソク岩っていう形の変わった岩があります。他にも、ロウソク岩から少し離れた場所に、驚異的なバランスで、どうして倒れないのかと見た人が不思議に思う大黒岩とえびす岩っていう奇岩もあります。特に何があるわけじゃないですが、夏とかたまに帰省すると、いい場所だなって思いますよ。

といっても、先ほど言った岩のある海辺には、絶対にわたしは近寄りませんけどね。

もう相当前の話なんですが、今も語り継がれている「シタキ」の話が、余市漁港にあるんです。「シタキ」とは、突風を伴う大時化《おおしけ》や強風を伴う猛吹雪のことをそう呼ぶんです。

大正六年（一九一七）一月の下旬のことです。

澄んだ青空で、ほぼ無風という好天だったのに、船が沖合に出るのを待っていたかのように急に余市の海にシタキがやって来てしまったんです。

波でもみくちゃに揉まれるようにして、船はあっと言う間に冬の海に沈み、シタキに襲われたカレイ刺し網漁に出かけた豊浜町の住民四十一名、余市町全体では七十二名がたった一日のうちに亡くなりました。

「一瞬にして死の町となった」と称された程の悲惨な海難事故です。

それ以来、誰も船を出していない日なのに、漁船の灯りを冬の寒い荒れた海上に見たと報告があったり、「シタキだ、シタキだ」と海鳴りに混ざって、冬の日に呼びかけられる人がいたと祖父から聞きました。

わたしも、小さいころ冬場に犬を連れて海岸を歩いていた時に、海から吹き付ける風の音に交じって「シタキだ、シタキだ」という声を何度も聞いたことがあります。

海に消えた遺体は今も見つかっていないそうなので、水の中から陸にいる人に呼びかけ続けているのだろうと思っています。

ある時、いつもよりしつこいくらいに「シタキだ」の声を聞いた翌朝、家の前に一掴みの海藻が玄関先に落ちていて、それが冬場なのに今さっき置いたみたいに、凍ってもいなくて、ぐっちょりと濡れていました。

片付けようとしたら、何故か両手でも、腰を入れて気合入れないと持ち上がらないくらい重たくって。昔から体も割と大きかったし力自慢だったので、パッと見たいしたことない量の海藻を持ち上げられないのはショックでした。

それだけでなく、海水の汁みたいなのがぼたぼたと滴《したた》り落ちて、それが血なまぐさかったんですよ。まるで、鰊《にしん》の内臓みたいな臭いがしてましてね。

海藻をゴミ袋に入れて置いていて家に戻ろうとした時に、その袋からね、こんな声を聞いたんです。

「おまえもシタキで死ぬぞお」って。

しわがれた潮風で焼かれた漁師の声だというのが、聞いただけで分かりました。

だから、その声を聞いてからは犬の散歩のコースも海辺は避けたし、冬場は絶対に海に近づかないようにしました。

今は札幌の街中に住まいも職場もあるんで、シタキで死ぬ心配ないからいいんですけど、たまに海岸までドライブや釣りに行こうって冬でも誘う人がいて、あれは困るんですよ。

冬場に帰省はしないって決めていて、したことないですね。

あの声の主が余市で、今も海の底からシタキを呼んで、わたしを引きずり込もうとしているような気がするものですから。

小砂子――（上ノ国町）

北海道南西部、檜山《ひやま》地方にある、上ノ国町の小砂子《ちいさご》の地名に纏《まつ》わる不思議な話を聞いた。

この辺りの浜は、岩盤の上に砂地という地形だったために、網を打つと根掛かりしやすい。

船を出し、晴れた寒い冬の日に網を引くと、時々海藻や魚に交じって、指の上に乗るほど小さい、大工道具や酒器が見つかることがあった。

大工道具には、鑿《のみ》の跡がついており、鉋には錆《さ》びていたが小さな刃までついていた。

小さな集落で、近隣にそのような小さな道具を作る者など誰もおらず、毎回道具の種類も違っていて、何の用途に使うのかさっぱり分からない物もあり、不思議な形をした小さな金属の欠片《かけら》が流れ着くこともあったそうだ。

ある時には、根掛かりで切れた網を修理していると、砂に交じって、小さな胡麻《ごま》粒ほどの大きさの楓《かえで》や笹の葉がくっ付いていることもあった。

そういった物を見つける浜には、いつも南西から強い風が吹きつけていたので、この風が吹く先、海の向こうに、小さき人が住む国があるのだろうかと思う人がいた。

そういったことがあったからか、この地の浜のことを、小砂子と呼ぶようになったという。

凧わげ──（江差町）

江差町《えさしちょう》在住のSさんから聞いた話。

坂の途中でね、血塗れの生首の絵が大きく描かれた、和凧をあげている子供が立っているんです。

毎日ではありません。子供は一人の時もあれば、二、三人の時もあります。

どうやって上げているのか、風が殆どない時もかなり高くまであげているんですよ。

江差町は無電柱化が進んでいるんで、電線に凧をひっかける心配は殆どないんです。

なんというか、夕暮れや夜に子供がそんな絵柄の凧をあげているのが不気味でね。

しかも、話しかけても何も答えず、じっとこちらを見るだけなんです。

人に話しても、そんな子供見たことないって言われるし。いや、でも、わたし以外にもね、見ている人はちゃんといるんですよ。

同じ職場の同僚も何人か見ていて、全く無風の日でも凧をあげていたって言っていましたから。

ある日誰かがね、あの凧の生首の絵の下の辺りに何か漢字で書いてあるなって言ったんです。

それにはわたしも気が付いてはいたのですが、どうしてか、凧に書かれている文字を読む気にならなかったんです。

でも、何かその文字を読んでみたら何かが分かるかも知れないと思って、凧あげの子供を見た時に、生首の絵の下辺りをよく見てみたんです。

そしたらそこには「法華寺山門」って書かれていたんですよ。

そこのお寺がこんな悪趣味な凧を販売しているのかな、それとも別の意味があるんだろうかって考えて家で、寺の名前を入れてインターネットで検索してみました。

そうしたら、凧と寺を結びつける情報は何も見つからなかったんですが、かつてその寺の門前で二十名の首を晒したって記録が見つかったんですよ。

だから、何ってわけではないですが、なんとなく合点がいったような気がして、今もたまに子供が凧あげしているのを見ますし、寺の名前を語りかけたことがあるんですが、返事や反応があったことはありませんね。

それに、前に「見たよ」って言ってくれた同僚にこの話をしたら「何言ってるんだ、そんなもの見かけたことないぞ」って返されて、おかしいぞって思ったことがあります。

悔しいんで、証拠のために写真撮りたいんですけどね。

だけどスマートフォンのカメラを向けると凧を引っ張った状態で、凄い速さで子供が逃げてしまうんで、撮影が難しいんです。

今日もきっと凄惨な生首の凧をあげている子供が、家の周りにいると思いますね。もし、この取材記事が載って見たよって方が現れたら、わたしに必ず連絡して下さい。

紅蓮せんべい

「北海道は古い伝承がないとか、歴史が短いって人がいますが、全くそんなことはありませんから。『日本書紀』に出て来る阿部比羅夫《あべのひらふ》が水軍を率いてたどり着いた渡島が北海道のことだと言われていますし、古い遺跡も沢山発掘されています。平安期の記録も色々とありますし、鎌倉時代は代官を置いて蝦夷《えぞ》と津軽とで貿易が行われていましたから」

そんな風に話しはじめた、元郵便局員だったという村上さんは、薄い変わったせんべいをＺｏｏｍの画面越しに見せてくれた。

「これ、何か分かりますか？　道内でも、道南の人の間でしか知られてないですね。お盆の時期に食べるおせんべいで、紅蓮《こうれん》せんべいって言うんです。薄いふわふわしたせんべいで、ふやかして赤ん坊に食べさせたりもします。少し甘い素朴な味わいの、米で出来たせんべいなんですが、もう作る人もいないし、これも記念にとっといたやつで、賞味期限は切れてます。

このせんべいを何故か道南だけ、仏壇に供える風習があるんです。

昔、交流があったせいか、東北地方の一部でも同じようなことをするらしいですね。

紅蓮の由来を調べたんですが、どうも分かりませんでした。

ただ、仏壇に供えると線香の煙がね、女の人の手になってせんべいを撫でているのを何回も子供の頃に見ましたよ。性別は、手のしなやかさと指が長くて細くて綺麗だったので、そうだと思いました。もしかしたら、とんでもなく綺麗な指と手をもった男だったのかもしれません。それだけの話ですが、このせんべいを眺めていると、お盆の頃に見たあの艶《つや》っぽい手を思い出してしまいますね。

線香は仏様になった人の食事だっていうけれど、本当は煙になって供えられた物を撫でて食べているんだって、あの光景を見て思いましてね、住職さんに話したこともあります。煙であっても、爪まで見えましたよ。はっきりと」

紅蓮せんべいを画面に翳《かざ》しながら、記憶の中の手を思い浮かべているのか遠い目をして村上さんはそう言い、その後は北海道の歴史について詳しく教えてくれた。

例えば札幌という地名の一番古い記録は、忍者が記したものだという。

寛文九年（一六六九）に津軽藩の忍者（隠密）牧只右衛門による「津軽一統志」という報告書の中に札幌についての情報が詳細に書かれているそうだ。

今回怪談取材中に、北海道の様々な情報を教えてくれる人にも多く巡り合ったので、いつかどこかで書くことがあるかも知れない。

バッタ塚に纏わる話――（札幌市）

札幌市内で小さな怪談会を開いた時に、こんな話を聞いた。

「手稲《ていね》にバッタ塚と呼ばれている塚があります。

明治時代に飛蝗《バッタ》の大群が押し寄せて、農作物が全滅してしまい、冬場の備えが消えてしまって大変なことになってしまいました。

冬に食料も紙も衣服も何もない状態にいきなりなってしまったわけで、内地からの支援もありましたが、それも送られて来た側《そば》から飛蝗に食われてしまったそうです。

バッタ塚は、そんな、どうしようもない虫害に関わる塚と碑です。飛蝗退治には子供から老人まで駆り出されて、屯田兵も卵が孵化《ふか》しないように長雨を願って、雨ごいのために藻岩山《もいわやま》から大砲を撃ったそうなんです。

明治政府は、飛蝗が津軽海峡を越えてしまったら莫大な損失につながると考えて、卵や成虫を五十銭～五円で買い取ったんですが、結局天を黒く覆う程の飛蝗の虫害は六年も続いてしまいました。その間千二百億匹ほどの飛蝗を駆除して、特に卵は絶対に孵化しないように掘りやすい手稲の砂地に深い穴を掘って埋めました。

飛蝗って三十センチ以上深い穴からは、地表に出られなくなって孵化出来ないんです。

そんな風に飛蝗の大群に、多くの道民がなすすべもなく困り果てていたのですが、明治十七年は運よく冷夏と長雨が続いたことで、飛蝗が繁殖出来ず、虫害の終焉となりました。

人が力と知恵の限りを絞って対抗したのに、結局はじまりも終わりも人の手ではなく自然の力によって決まってしまったということです。

バッタ塚のある手稲の辺りは、山口県から移り住んだ人が多くいました。そんな理由から、山口から持って来た農作物を育てていて、特に砂地だったからか西瓜《すいか》が良く育ちました。

当時は山口西瓜と呼ばれていましたが、今は他の名前で栽培されています。

そんなブランド西瓜ではないですが、私も手稲一区画を借りて母と西瓜を育てていたんです。手塩にかけた西瓜は、近所で甘くて大きいって評判でした。

それで、一昨年は特に豊作だったので、親類を集めて西瓜パーティーをしようってことになったんです。

ちょうど、畑には今まで見たことも無い大きい立派な西瓜があったから、パーティーの日に収穫して台所で包丁を入れました。

すると、パカッとすぐに真っ二つに割れて、中にはぎっしりと飛蝗が隙間なく入っていたんです。

飛蝗はそこら中に飛び回って、髪に飛蝗が絡んだ人や、置かれた湯呑の茶に飛び込んだ飛蝗がいたり、小さな飛蝗じゃなくって大きい奴だったのもあって、みんなぎゃーぎゃー驚いてパニック状態になってしまい、パーティーどころじゃありませんでした。

普通に考えると、飛蝗が西瓜内で繁殖などありえません。でも、その場にいた人がみな、部屋の中を飛び回る飛蝗とほぼ中身のない半分に割られた西瓜を見たんです。

怪奇現象といっていいかどうか分からない話ですが、あの西瓜だけ、後で考えてみると少し変なところがあって、収穫した後ぱちゃぱちゃって中で水が揺れるみたいな音がしていたんです。だけど、液体が飛蝗になるわけでもないし……未だに何故あんなことが起こったのかずっと気になっています」

バッタ塚に纏わる話をもう一つ。

夏になるとバイクで北海道に渡り、ツーリングをする人たちのことをミツバチ族と呼ぶ。

理由はバイクの排気音がミツバチの羽音に似ているからだそうだ。

そんなミツバチ族の内村さんは、新日本海フェリーで小樽に降り立ちまずは札幌に向かうことに決めた。

気軽な一人旅、天気も良くて気分も良く。出発が早朝だったこともあって、道も混んでおらず順調に進んで思ったよりも早く札幌に到着することができた。

町中を軽く流したあとに、市の郊外にちょうどいい砂地の広場を見つけたので、そこに内村さんは買ったばかりの軽量テントを張ることに決めた。

誰にも気を遣うこともなく、好きな時に自由にスケジュールを組めるし、やりたいことがいつでもできる。そんな一人旅が自分にはあっている。寂《さび》しくないのかと言われるが、そんなことは全くないし、いつも誰かがどう思っているとか気にする方がずっとしんどい。

内村さんはそんなことを思い、荷物をバイクから下ろした。

そして、テントを張ってから途中で立ち寄った道の駅で買った鮭とばジャーキーを噛みながら、ラジオの天気予報を聞きつつ地図を眺めた。

明日はどのルートでどこに行こう。ラジオから流れる曲がサビに差し掛かり、鼻歌が思わず出た。

その時、がざざざっと五十メートルほど離れた場所に生えていた熊笹が鳴った。

何か大きな生き物がそこにいる気配がした。札幌市内でもここ近年、熊の目撃情報は多い。ラジオは熊除けもかねて流していたのだが、人里近くに住む熊には効果がないのかも知れない。熊が自分目掛けて走って来たらどうすればいいか。目つぶし？　大声で叫ぶ？　走っても追い付かれるだろうし……。体中から嫌な汗を吹き出しながら内村さんは考え、バイクに一瞬視線を移してから前を見ると、そこには二メートル近くの大きな巨大な飛蝗がいた。

茶と緑色の混ざった色の黒の斑点模様のある飛蝗だった。種類は虫には詳しくないので分からず、ただ飛蝗だなということだけは判断出来たそうだ。

口の顎の部分が開閉するように動き、腹の蛇腹の部分が動いている。作り物とは思えず、大きな黒い縦筋のある目から感情は読み取ることが出来なかった。

内村さんは熊よりマシだろうかと一瞬思ってから、テントも何もかも置いたまま、ヘルメットも被らずバイクに飛び乗りその場から逃げた。そして目に入ったシティホテルの駐車場にバイクを止め、中に入りロビーの椅子に座ってしばらくの間、がたがた震えていた。

なんだか分からない、とんでもないものを見てしまったという意識で怖さと驚きでその場にじっとしていた内村さんだったが、しばらく時間が経つと深呼吸をして、落ち着いた。

置きっぱなしのテントやヘルメットを取りに行きたいが、またあの大きな飛蝗に出会うのは怖い。そこで、札幌内にいる知り合いが一人思い当たったので、電話をかけて一緒に荷物を取りに行くのに誘った。

信じてもらえなくても構わないと思って、巨大な飛蝗を見たことも含めて伝えた。すると友人からは、そこがいくらバッタ塚だからって巨大な飛蝗がいるわけないだろうという返事が来た。

バッタ塚とは何だと聞くと、明治十年代に全道的に飛蝗が大発生したので、これを駆除するため、飛蝗の死骸や卵や幼虫を埋め、土を盛り上げた場所をそう呼んでいるのだということだった。

シティホテルで合流し、バッタ塚に行くとテントやヘルメットはそのままになっていたが、地図だけがまるで何かに食いちぎられたかのようにボロボロになっていた。

そして、あれだけ好きだったミツバチ族としての旅行をそれっきりやめてしまった。

奇妙な漬物石――(小樽市)

『大阪怪談』というご当地怪談本の取材中に、こんな話を聞いた。

造幣局《ぞうへいきょく》に纏わる不思議な話は色々あるんですけどね、その中の一つで、捨てても戻って来る漬物石っていうのがあるんですよ。

どこからか、成分調査をして欲しいって持ち込まれた、ひと抱えほどもある薄汚い重たい石が天満《てんま》の造幣局内にあって、すごく邪魔やったらしいんです。

造幣局は硬貨や勲章・褒章の製造だけやなくって、地金や鉱物の分析や、貴金属地金の精製、貴金属製品の品位証明なんかもやっとるんです。

だけど置かれていた石は、汚くてやたら重いし、時々床に置かれてて躓《つまず》きそうになるし、金の入っている金鉱石だったらともかく、どう見ても屑石っぽかったから職員がイライラして近くの川原だか、どっかに捨てたんですよ。

でも、いつの間にか誰かが拾い上げたのか、造幣局内に戻っているということが、二、三回あったらしいんです。

仕方ないから、漬物石にでもするかって、食堂の漬物樽にその変な石を使うことに決めました。

そうするうちに、職員の宿舎で変な夢を見るっていう話をする人が、ぽつぽつと出てきて、しかもそれがどれも似た夢だったんですよ。

白い髭《ひげ》を蓄えた、彫の深い厳しい顔した中年の男が、例の石を抱いて「俺を誰とも知らず酷《ひど》いことばかりをする」なんて言うって内容で、あの石、もしかしたらどこぞの神社のご神体なんかと違うかって噂が出はじめたんです。

何度捨てても戻ってくるって噂のせいで「みんなが変な夢を見てんだよ、近所の桜宮神社に奉納でもせなアカンの違うか」って話が出た時に、その漬物石が実は榎本武揚が持ち込んだ石だってことが急に判明したらしいんです。

と、いうのも、榎本がロシア訪問時に、ロシアの皇帝に見せて貰った隕石《いんせき》で出来た刀剣に感動して、同じものをぜひ携《たずさ》えたいということで、部下に命じて隕石を日本中で探し周っていたそうなんです。

そして、やっとのことで刀剣の材料になりそうな大きさの隕石を一つ見つけたんやけど、隕石は偽物も多いってことで、造幣局に鑑定に出すことになったそうで。

当時は軍人や大臣は絶大なる権力を持っていた筈なのに、なんでそんな貴重な物が、屑石扱いで漬物扱いになったのか……。ともかくそれで造幣局で石を調べたら本物の隕石やって分かって、何振りか作刀したそうなんです。流星から作られたから流星刀って名前で。そのうち一振は北海道小樽市の龍宮神社に奉納されていて、今も、公開日になら見ることができますよ。

私も隕石から作られた流星刀が、どんなもんなんだって気になったから、小樽まで見に行ったら、長い行列が出来てて、凄い人気でビックリしましたわ。

待ち時間の間に、あの刀を振ると雨が降るとか天狗がやって来るらしいよなんて面白い話をしてくれた人がいたから、待ち時間も退屈しなかったけどね。

だけど、そんなに別に日本刀が好きってわけでもないのに、なんで見に行こうって気になったのか、自分でも分からないんです。あの刀にもしかしたら呼ばれたのかも知れない。

帰りの電車で、窓の外をずっと見ていたら何回か流れ星見ちゃったし。

すっすっと白い素麺みたいな軌跡を残して消えたのと、その場でしばらくピカピカ瞬くのと流れ星は二パターンあって、むっちゃ綺麗でしたよ。

あんな体験が出来たのも、流星刀を見に行ったおかげやろうね。隕石で出来た刀って凄く珍しいらしいのに、小樽ではなんでか、そこまで知られてはいないらしいですよ。

昭和新山の絵――(壮瞥町)

現在、せたな町在住の井上和馬さんから聞いた話。

父は写真がずっと趣味でしたが、ある年に急にカメラやレンズを全て売り払ってしまい、油絵の画材を買いそろえ始めて、絵をやるっていきなり言い出したんです。

週末になるとイーゼルを携えてどこかに出かけて行き、家でも部屋の一部を改装して絵を描く作業スペースにしてしまいました。

最初の頃は白樺並木や、近所の公園を描いていたのですが、ある頃から昭和新山の絵ばかりを描くようになりました。

昭和新山は、昭和十八年(一九四三)に始まった有珠山《うすざん》噴火によって誕生した世界的にも珍しい新しい火山で、私有地にあるため、個人が所有しています。

そんな昭和新山を、季節を問わず、何枚も何枚も父は描き続けていました。

絵の上手い下手は、よく分からないのですが、家に遊びに来る人に見せると欲しがる人もいました。そういう時は、父は好きなのを持って行っていいよと言って、絵を渡していました。でも頼まれてもお気に入りの絵は、絶対に譲りませんでした。

特に父が気に入った絵は額装にして、家のあちこちに飾られていて、いつの間にか自分の部屋にも二枚、昭和新山の絵がかかっていました。


ある日、そんな昭和新山の絵の隅に、黒い犬が描かれていることに気が付いたんです。あれっこんな絵だったかな？　それともいつの間にか父が描き足したのかな？　なんて思って、仕事に行って、八時過ぎに家に帰って来たら、母が庭で穴を掘っていたんです。夜に庭で何故そんなことをしているのかと聞いたら、ガリガリに痩せた迷い犬が庭で死んでいたから埋めるために穴を掘ってるって言うんです。

玄関前を見たら広げた新聞紙の上に、犬の死体があって、それが黒い犬だったんです。俺は保健所に連絡した方がいいんじゃなかって母に提案したんですが、もう今日は役所は閉まっているでしょうからとか、なんとか言って、結局庭に犬は埋められてしまいました。

そういうことがあってから一月後、玄関に置いてある家の中でも一番大きい昭和新山の絵に、父に似た人が浮かび上がっているように見えたんです。

描かれているのではなく、山の影の部分が父に見えるんですよ。今までそう感じたことなんて一度もなかったのに。

母にこの絵、最初からこの部分こうだったっけ？　ここが父の顔で、ここが体で、足に見えない？　って言ったら、そう見えるかしら、分からないって反応でした。


そして、その翌朝に父が亡くなりました。

母が、同じ寝室で寝ている父の鼾《いびき》と呼吸がおかしかったので、起こそうとしても起きず、救急車を呼んで、その先の病院で一度も目を覚ますことなく亡くなったんです。

それから、父が描いた絵に鹿がいて、あれ？　って思ったら、家の側の住宅地内だというのに、撥《は》ねられて死んだエゾシカが横たわっていました。そういうことが続いて、これはもしかしたら絵に浮かぶ何かが、死のサインじゃないかって思い始めたんです。

だから、思い出があるのも知っていたし、父が生前、ずっととても絵を大事にしていたのも理解していたんですが、母に思っていることを全て伝えて、絵を全部燃やしました。

そしたらね、家が火事で燃えたんです。しかも出火元は不明でした。まるで、絵の復讐みたいですよね。

それで今は、せたなの親戚の家に住んでいるんです。

一枚だけ、絵の写真があるんですけど見ますか？　たまたま火事でこれは焼け残ったんです。母の誕生日の時に撮影したもので、背景に映り込んでいるだけなので、少し見辛いかも知れませんが。

それは花束を持って照れ臭そうに笑う女性と、その横でにこやかに笑う白髪頭の男性がいて、その後ろに荒々しいナイフで描いたタッチの山の絵がかかった壁が写った写真だった。その時、私は何故か絵そのものより、黒い木で出来た額の方が禍々《まがまが》しい物に見えた。

彷徨う電話ボックス

「学校のことは思い返すのさえ嫌なんだけど、あの電話ボックスと捨てた紙のことは気がかりというか、思い出して時々誰かと話したくなるんです」

不登校だったので、親の勧めと説得で北海道にあった全寮制のフリースクールに通っていたというOさんから聞いた話は、そんな言葉からスタートした。

某ヨットスクール系っていうか、かなり体罰の厳しい学校で、ルールも山ほどあったんです。だから、脱走者も絶えなかったですね。でも脱走出来るのは超絶ラッキーで運動神経がいい奴か、近所の住人に協力者がいる奴なんです。だって有刺鉄線が巻かれた高い塀が、ぐるっと寮と校舎の周りを囲ってるような学校ですよ。

夜間照明もバッチリだし、それに寮長が飼っている犬がいて、脱走者がいたらリードを離して探させるんですよ。もうこれってガチな刑務所レベルですよね。

普通に逃げても絶対に捕まるんです。

僕なんか、昔映画で見たアルカトラズ刑務所の脱獄囚みたいに、布団の下の床板を剥《は》がして土をスプーンで掘り進んで逃げれば捕まんないだろうかとか、火事になればその騒ぎのどさくさに紛《まぎ》れて逃げられるかなとか、日々そういうことばっかり考えていましたよ。

就寝前の二十時四十分から二十一時までが自由時間で、その間に同じ寮の子と話が出来るのが嬉しかったです。車座になって、娑婆《しゃば》に出たら何をするかって話をしている子が殆どだったんだけど、何故かある日怪談会みたいなノリになって、その時に急に忽然《こつぜん》と電話ボックスが現れることがあるって話を聞いたんです。

毎朝学校ではランニングがあったんですが、その時いつも通る道の途中に、以前にはなかったはずの電話ボックスを見かけたって言う奴がいたんです。

先頭と最後尾は先生と寮長に挟まれているから、ランニング中に逃げられないんだけど、その日は運よく前後集団から離れていたせいか、周りには誰もいなかったらしいんです。

この地獄みたいな学園から脱走できそうだったけど、逃げたら反省部屋行きで畳に正座したままで、反省文を書かされるし食事無しになるから、逃げたいけど、やっぱ逃げないでおこう……この辺りの土地勘無いしって、その時考えながら走っていたらしいんです。

そいつかなりビビりやったんで。

で、どうせ遅れたのを怒られるのは一緒だし、走るのは損だよな、気分が悪くなったとか言い訳したら殴られないかなって考えながらだらだら歩いていたら、目の前に昨日までは無かった電話ボックスがあって、何故か電話ボックスに引き寄せられるようにドアを開けて入ってしまって、受話器を取ったらしいんです。

そしたら十円玉を入れたわけでもないのに、機械的な音声で「こちらは、通話ボックスです。ただいまから二十秒間、どのような方でもお話可能です」って流れてきて、それで怖くなって切ったって言ってました。

僕も含めて、その話を下手な意味不明な怪談とか、作り話で気を引くなよって突っ込みを入れていたんですが、一人、寮の中でも年配の先輩が「それ、彷徨《さまよ》う電話ボックスだな」って言いだしたんです。

寮には成人の生徒や、社会人になってから入った人もいたんですよ。

その人は見た感じ二十代の半ばくらいでした。年齢の話はタブーだったんで、一度も聞いたことなかったから、推測ですけど。

先輩の話によると、年に何回かランニング途中に突然電話ボックスが現れることがあって、その電話を使ったら死人と喋《しゃべ》れるって言うんですよ。

だけども、死人と喋れる内線番号を知らないと無理とかで、そこまで聞いてなんだやっぱりホラというか、作り話っぽいなって思ってしまったんですけどね。

毎日激えぐい生活の学校だったけれど、それなりに親しい奴もいて、しんどいことも多いけど慣れてきたら楽しいなって思えるようになった頃、入って来たばかりの新入生が自殺したらしいって聞いたんです。

そういえば最近入って来たって聞いていたあいつ見ないな。知らない間に辞めたのかなって思ってて。実は同室だったのに気にも留めてなかったんですよ。

だって、親が迎えに来て辞める手続きをしたら退寮できるシステムだったし、いつの間にかいなくなる奴は過去に何人もいたから……。

数回話をしただけで、そんなに親しい関係でもないのに、自殺したってニュースが僕としては凄いショックで、ちょっとそれからおかしくなったんです。

食欲も無いし、短期間で四キロ以上痩せました。

だから、朝のランニングもふらふらで、ついて行くのもやっとだったんです。

あれは秋の九月末くらいだったかな？　紅葉が始まりかけた山を見ながら走っていたら、道の脇に電話ボックスがあるのを見つけたんです。で、ああ本当にあの電話ボックスあったのかって思ってふらふらっと引き寄せられるみたいに入って、受話器を持ったんです。で、どこを押さないといけないか、何故か分かってるみたいに手が勝手に動いてピピッブッポペポって感じでボタンをプッシュして……しばらく待つとお金も入れてないのに、プルルルルって呼び出し音が鳴り始めて、繋がったんです。

「電話くれてありがとう」


自殺したって噂の、同室の奴の声だって、電話口でも分かったんです。

受話器を手がうっ血して白くなるくらい握りしめて、僕は相手に聞いたんです。

「オマエ、死んだのか？」って。

「そういうのはいいって、引き出しの中の物を全部捨ててくれ。あれ、本当にそういう気持ちで書いたんじゃないから。本気での一生のお願い」

相手の声は凄い淡々としていて冷静で、それだけ言って、電話は切れました。あとは何を言ってもツーツーって音しかしないし、もう一度リダイヤルを押してもどこにも繋がらなかったんです。

僕、ランニングが終わってからの授業の後に、先生にトイレに行きたいって言って全速力で寮に戻ったんです。

で、そいつが使っていた机はまだそのままだったから、引き出しを開けたんです。中にはノートと短い鉛筆が何本か入ってて、ノートをパラパラと捲《めく》ったら小さい文字で、親やクラスメイトの悪口が書いてあって、これを死んだ後に気にしてたんかなって思って捨てることにしました。

ゴミ箱の中身の無予告チェックをやっている寮だったので、ゴミ箱には捨てずノートを千切《ちぎ》ってトイレに分けて流しました。

鉛筆は使える物を捨てると怒られるので、靴下に隠してグラウンドに埋めました。だって電話で全部捨てておいてって言われたから。

ノートの中身は全部見たわけじゃないから、遺書みたいな文章があったのかなとか、あれ本当に捨てて良かったのかなとか、思い出す度に考えてしまうんです。

そもそもあの電話ボックスも、僕がおかしくなった時に見聞きした幻だったかも知れないし。

学校のことは思い返すと頭痛や吐き気がすることもあるんです。だから今までは誰にも言わなかったんですが、あの電話ボックスと捨てたノートの紙のことは気がかりというか思い出して誰かに伝えた方がいいような気がしてしまって。もしかしたら、あいつがそうしてくれってあの世から呼びかけてきたのかも知れないですよね。

もちろん僕一人の思い込みの可能性もありますけど。

そう言って少し寂しそうにOさんは笑った後、俯《うつむ》いて静かに泣いていた。

花魁淵――（札幌市）

義父のアラタさんから、ある日「花魁淵《おいらんぶち》のことはご存じですか？」と訊かれた。私は山梨県甲州市の国道沿いにある花魁淵のことだと思い、もちろん知っていますと答えた。アラタさんは道内の省庁に勤めていたこともあり地域伝承にも詳しい。

山梨にある花魁淵にはこんな伝説が残っている。

戦国武将・武田勝頼《たけだかつより》の死後、黒川金山――武田氏の隠し金山の場所の発覚を恐れて、口封じのために金山奉行であった依田《よだ》氏が、金山の場所を知る鉱山労働者を一か所に集める計画として、藤蔓《ふじつる》で吊った宴台を川の上に作り、周りに酒肴を並べた。

これが恐ろしい口封じ計画とも知らず、藤蔓で吊られた演台に五十五名の遊女が呼ばれ、薄い花のような衣装を翻《ひるがえ》しながら鉱山労働者の前で舞を披露した。

遊女の舞う姿を見ながら酒が鉱山労働者に勧められ、酔いが回った頃に一斉に藤蔓が切り落とされた。闇夜を引き裂くような悲鳴と共に、松明《たいまつ》の灯りや演台ごと一緒に遊女も含めた炭鉱労働者全員が淵に沈められた。

その夜から花魁淵では、急な流れの水の中に落とされて死んでいった人々の怨念が、数百年経った今もなお渦まいているそうだ。

私が何故山梨の花魁淵のお話を？　と聞き返すと、そこは違います、札幌の花魁淵の話ですよと言われた。

私は札幌にも花魁淵があるとは知らず驚いていると、アラタさんは微笑《ほほえ》んでこう言ってくれた。

「これから車でその近くまで送ってあげましょう。いや、夜の方がいいのかな、昼間じゃ幽霊も現れてくれないでしょうから」

そうして、夜まで待って義父と義母と夫と私の四人で南区の花魁淵の近くまで行った。

車の中では、幽霊に出会えばまだ助かる余地がある気がするが、熊は全くそういう気がしないという話を聞いた。

「熊はねえ、体長は二メーター超えで、体重も二百キロ以上あるようなのが山に何匹もいるから。本州のツキノワグマとは大きさが比較にならないわけ。熊に出会ったら大声上げて逃げたりしちゃ絶対だめ、時速四十キロ以上で走れるからね。目を見ながら後ずさると助かる人もいたっていうけど、いきなり爪や牙で攻撃される場合もあるから。そうなったら両手で首筋と顔をガードするといいよ。あいつら首や鼻から食べることがあるから。夏場だと薄着だから腹からやられることもあるけどね」

幽霊の出る怪談よりも怖い、北海道の人なら皆が知っているという熊の話を聞きゾッしてしまった。今は冬なので、熊が出る心配がないそうだが、冬に冬眠しなかった熊に襲われ、死者七名、負傷者三名を出した三毛別羆《さんけべつひぐま》事件が頭に過《よ》ぎり、私は車から下りないことを決めた。

正直熊と幽霊だったら、熊の方が怖い。熊にはお祓いも効かないし、たとえ銃を持っていたとしても私の方が殺されてしまうだろう。

夜に訪れた花魁淵は静かな川のせせらぎが聞こえる場所で、近くに街灯は殆どなく真っ暗だった。

「ここで昔、身投げした花魁がいたそうです。北海道で花魁？　と思われるでしょうが、吉原から身一つで逃げて来た女性らしくってね。白い雪を固めたような、色白の美女だったそうです。

でも、逃げて来た北の先で彼女はどうすることもできなくって、結局ススキノの遊郭で拾われることになって、そこで馴染みの客ができた。で、その客に身請けされたものの美しさのあまり他の人の目に晒すのが惜しくなったとか、それとも他の客と駆け落ちの約束をしていたとかで、彼女は男が家の中に拵えた座敷牢に閉じ込められてしまった。でも、簪《かんざし》で掘った穴から抜け出して、雪の降りすさぶ中赤い帯を翻し逃げて、そして……何を思ったのか豊平川に身を投げたそうです。それからここを花魁淵と呼ぶようになったとか」

「そうでしたか」

「それ以来、花魁姿の女性が淵で手招きするとか、花魁を探す男の声が聞こえるとか子供が川遊びなんかしていると、鮮やかな帯が水中から藻のように出て絡むとか色んな噂があるんですよ」

それから四人で車の中でじっと待っていたが、幽霊は見ることはできなかった。

「北海道はね、悲しい歴史が多いからか色んな伝説が残っているんです。

私は以前炭鉱の閉山に関わる仕事をしていましたから、色々と聞いている話がありまして……内地とは違う闇や影があると思うんですよ」

アラタさんがぽつりと呟くように言った。

三つの穴――（八雲町）

八雲町在住の石川さんは、小さい頃、不思議なものを見た記憶があるという。

そんなに記憶力が良い方じゃないんですが、子供の頃に海水浴に行った時に未だにあれなんだろうってものを見たのを覚えているんです。

八雲町は良いところですよ。もし、まだいらしたことが無ければ是非来て下さい。

日本海と太平洋の二つの海に面していて海の幸も豊富だし、温泉もあります。って話が逸れてすみません。

海水浴場で砂山を兄と一緒に作っていたら、周りを知らない人に囲まれていたんです。人数は五、六人くらいだったかな？　白いぬるんとした凹凸《おうとつ》のない体と顔で、宇宙人のグレイみたいなのがイメージ的には近かったです。

兄に、変な人に囲まれてて怖いよっていうと、見えていないフリしろって言われて。なるべく周りの人を見ないように砂山を作り続けたんです。

生きている普通の人間じゃないっていうのは、分かりましたね。

とんでもない何かを見てしまったことを、後で兄と一緒に親に伝えたら、夏だからご先祖様が帰って来たのかもなって言われました。

あまりにもあっけらかんとした反応だったので、怖かった気持ちを分かって貰いたくて、あれをまた見たらどうしよう、怖くてしかないって伝えたんです。

そうしたら兄は、あれは悪いものじゃないと思う。実は、昔溺れかけた時に多分あれに似たものに助けて貰ったからって言って。

兄がそう言うなら、そうなんだって思い込むことにしたんです。

そんなことがあってから十年くらい経って、学校を出てから千葉にある工場に就職が決まりました。

近くにね、サーフィンで有名なビーチがあって仕事仲間に誘われて、時々海に行くようになったんです。それで、ある程度泳ぎは自信があったんですが、足が急に攣《つ》って溺れかけてしまって。あ、これは死ぬなと薄っすらと意識しはじめた頃に、すうっとどこからか、ブイが流れて来たんで掴まったんです。

おおおいと声を出して、誰かに気が付いて貰おうとしたら海水を呑んでしまって、噎《む》せて物凄く苦しくなってしまって。

そしたら、あの白い、昔子供の頃に兄と見た、顔に凹凸のない人がいつの間にか側にいて背中をさすってくれていました。

驚きと苦しさで、困惑しているうちに、ライフセイバーの人が近づいてくるのが分かって、その時少し冷静になれたんでしょうね。

お礼を言わなきゃ、たとえ幽霊やお化けでもって思いまして、振り返るとその白い人の背中が見えました。背中には肉がえぐれたような三つの穴が空いていて、そこから血が流れていたんです。そして、どぷんと沈むように海の中に消えていきました。時間にして数十秒ほどの出来事だったと思います。

実家に帰ってから、子供の頃の記憶と千葉の海であった話をすると、変なことを言う子ねえみたいな扱いしか受けなかったんですが、後日その話を母が知り合いにしたところ、それは相沼の無量寺にお礼を言いに行きなさいって忠告されたって伝えられて、よく分からなかったけれど行ったんです。

そうしたら、八雲町熊石相沼町の無量寺の境内にあったお地蔵さんから、何故か潮の匂いを感じたんです。海水でも被ったのだろうかって思いながら近くによって見ると、お地蔵さんの背中に穴が三つ空いていました。

その理由は、近くにあった説明書きのある看板で分かったんですが、寛保元年（一七四一）に松前大島の大噴火が原因で起こった寛保の大津波で、犠牲になった人が多くいたそうです。地蔵の背中に開いた穴は、津波で流された浮き沈みする遺体を、手や網で、海から引きずり出すのが足場が泥土でとても困難だったとかで、仕方なく遺体にヤスを引っかけて収容したのを表しているそうなんです。実際、ヤスで引っ掛けて引きずり寄せた遺体の体には、三つの穴がついていたということでした。

大津波による被害者は一四六七人以上だったそうで、うちはずっと八雲に住んでいるので、もしかしたらご先祖様の中に津波で亡くなった人がいて、あのお地蔵さんみたいに背中にヤスで引き寄せられたことで空いた穴があったのかも知れません。

だとしても、調べようがないから分からないですが……。

八雲に来たら慰霊碑のお地蔵さん、見に行って下さい。

本当に背中に三つ穴が開いた地蔵がありますから。

しかもその穴からは、流血したような跡もあるんです。

石川さんの取材の後に、風呂場で溺れかけた時に背中から血を流す人が風呂の栓を抜いてくれて助かったという不思議な話を、八雲町在住の別の人から聞いた。

水難から救ってくれるそういう存在が本当に、八雲町にずっと存在し続けているのかも知れない。

幽霊の銅像――（苫小牧市）

「幽霊の銅像のことをご存じでしょうか？」

「いや、知らないです。どこにあるんです？」

そう訊ねると、この家の主、赤井正一さんが語りはじめた。


そうですか、昔ぼくが役場に勤めていた時に聞いた話でね、同僚が激しい吹雪の日になると必ず銅像の幽霊のことを思い出すって言うんです。

その銅像は、苫小牧市の勇払《ゆうふつ》に出た幽霊で、夜泣き梅女《うめじょ》と呼ばれているそうです。

徳川幕府は寛政十二年（一八〇〇）に北方の開発と調査を行うために、多磨郡八王子の住人ら八十名を蝦夷地へ派遣することにしたんです。当時はお上の決めることは絶対だったでしょう。だから全く知らない土地に、彼らはどんな気持ちで行ったんでしょうねえ。

その八十人の中に一人だけ和人の女性がいて、名前をお梅さんと言ったそうです。

記録の中では入植者として初めて蝦夷に入った和人女性だそうで、お梅さんを含む八十名がやっとの思いで辿り着いた先が勇払だったのですが、当時土地の開墾を行う作業は困難を極めました。

火山灰の土は故郷から持って来たどの種を植えても芽吹かず、夏も寒く海から吹き付ける風は冷たく厳しかった。そんな状態だったから、食べる物がなくて直ぐにみんな幽鬼のように痩せこけてしまい、ボロ板を立てかけただけのような掘っ建て小屋の中で歯を食いしばって、仲間同士励まし合って一日、一日を乗り越えていったそうです。

しかし、冬が来て厳寒と飢えによる栄養失調や病で一人、また一人と倒れてしまい、隊士の三割以上が亡くなってしまいました。残された人たちは、骨と皮だけの体になっても凍った大地を、粗末な鋤《すき》や鍬《くわ》で耕し、食べられる草を探し、雪の中で僅かに捕れた獣を分け合って食べ、時には木の皮まで剝いで噛んで飢えを凌ぎました。やがて短い春を迎えた頃、お梅さんは赤子を身ごもっていることを知りました。

当然、産婆もいないような土地だし、女手もいません。

しかも、お梅さんの夫は幕府直轄役人の組頭の役割を任命されていて、開拓の記録や指導を行う立場でもあったそうだから、とても忙しくしていました。

だからたった一人でお梅さんは産んで、赤子の面倒を見るしかなかった。

折角授かった命のためにと、そんな風に体を絞るようにして赤子に愛情を注いでいたお梅さんでしたが、食べ物も無く、過酷な労働のせいか、乳がやがて出なくなってしまいました。

「お乳を……お乳を……」と、涙を流しながら自分の乳房から一滴でも、少しでもいいから出てくれとお梅さんは毎日念じ続けたのですが、乳は出ることは無く、赤ん坊も痩せていきました。

それからしばらくして、心労や産後の肥立ちのせいもあってか、乳房を口に含み吸う力すらない痩せた赤子の姿を見ながら「お乳を……お乳を…」と言いながらお梅さんは倒れてしまい、それから数日後に亡くなってしまいました。

まだ二十四歳の若さでした。

それが、吹雪が激しく舞う夜だったそうで、それ以来その集落では雪の荒れ狂う冬の夜になると「この子にお乳を……」と言うお梅さんの姿を見かけるようになりました。

残された隊士たちは「お梅さんは死んでからも、あの赤ん坊が心配で仕方なくてこの地にとどまっているのだろう」と噂しあったそうです。

お梅さんが亡くなった翌年、同心隊は箱館奉行所仕えになり、あれだけ苦労して切り開いた開拓地は結局放棄されてしまいました。

夫の祐助も勇払を撤収した後に箱館に移動になったのですが、妻を失った悲嘆の影響もあってか箱館に移動後まもなく亡くなってしまったそうです。

お梅さんの墓は伊達市の有珠善光寺にあって、建てたのは夫の祐助と梅の遺児だといわれています。

その後、苫小牧市は開拓に尽力した同心隊士像と共に、亡霊のお梅さんの銅像を建てました。今もこの像は苫小牧の市民会館横に建っています。

幽霊の銅像は世界的に見ても珍しいと思います。しかもどこの誰かということまでハッキリと分かっていますからね。一度、私もその銅像の話を聞いて気になったから直接見に行ったんですよ。そしたら、見知らぬご婦人にね、この赤ちゃんを抱いた女性の銅像から時々すすり泣きが聞こえるんですよという話をされました。今でも雪の日や雨の日に戸を叩く音がして開けると、ボロボロの衣を纏った若い女性が立っていて「赤ん坊のお乳を……」と言葉を発して消えるのを見る人がいると聞いています。

赤井さんは窓を叩きつけるような雪が吹き荒れる窓の外をチラッと見てから煙草に火を付けた。ふうっと煙草を吸って息を吐くと、白い煙がすうっと細長く天井まで線香の煙のように上がっていった。

赤子を残して亡くなったお梅さんの魂は、今もこんな寒い日の夜に流離《さすら》っているのかも知れない。

びちゃびちゃのちゃんちゃんこ——（江別市）

江別在住の男性の体験談。

親父の趣味がたき火だったんです。小さいころ山やら川の傍《そば》に行くと、かならずたき火でね。火を見ると心が落ち着くでしょ。夜の闇も寒い冬も、夏の最中に川から上がった時も、たき火があるだけで特別な感じがしたんです。

そんな親父の影響でね、俺も週末になるたびにキャンプ場でたき火をやりに行っています。最近はあちこち消防法とかがうるさくって自由にたき火出来ないからね、たき火のためだけにキャンプ場に行ってるような状態ですよ。

たき火台も家に何台もあって、家族にはそんなにあってどうすんだって呆れられていますけどね。

でもですねえ、軽さとか燃え広がり方も違うし、上に物を置けるタイプとか色々とあってつい買ってしまうんです。ほら、普通にキャンプ場で牛乳飲んでもなんとも思わないけど、ちょっとたき火台の上にチタンマグを置いて、温めてから蜂蜜でも垂らして飲んだら、何かいいじゃないですか？　そう思いません？

クッカー・キャンプ・ケトルで淹れた外で飲むコーヒーも美味いですよ。

あれはまだこっちに来て二年目くらいの冬に、一人バイクでキャンプ道具積んであちこち気ままに走ってたんです。

ちゃんとスノータイヤで後輪にチェーン巻いて走っていたんだけど、油断しちゃってね、途中雪道で大転倒しちゃって。あれは後続車がいたら、今頃死んでいただろうなあ。

まだ日が高かったんだけど、打ち身の痛みもあったし、なんだか転んだことでケチがついた気がして、近くに空き地があったからそこにテント張って休むことにしたんです。

時効だろうから言っちゃいますが、そこでたき火台を置いてね、たき火を楽しんだんです。

直火じゃないんで地面には焦げ跡一つ残さなかったけれど、やっぱりあの場所でたき火していいかどうか分かんない所でしちゃったのが未だに気になってて。

したたかに打ち付けてしまった体を摩《さす》ってから、ちょっとリュックに入ってるソーセージでも炙ろうかなって思って荷物を弄《いじ》ってたら、少し離れた場所にジャングルジムがあるのに気が付いたんです。

緑と黄色の剥げた塗装のジャングルジムで、他の遊具は見当たらなかったですね。

あれ？　この辺り児童公園なのかな？　民家も全く見えない場所だけど、近くに観光牧場でもあるのかなって。他は冬だったこともあって、白や黒や灰色ばっかの風景だったから、妙にそのジャングルジムだけが目立っていて、気になったもんだからしばらくの間、なんとなくそれを見ていたんです。

そっから、リュックからソーセージを取り出して、たき火台にかざしながら、再びジャングルジムの方に目を向けたら、濡れた赤茶げた色のちゃんちゃんこが、ジャングルジムに干してあったんです。

近くに誰か来て干して行ったのかな？　このたき火のこと文句言われちゃうかなって思ってまた火を眺めながら体痛ぇ～なんて独り言をいいながら、昼食を取ったんです。

でも誰も来る気配が無かったので、食後用に持って来た缶コーヒーのプルタブを開けてマグに注いで、火で温めていたら、急にぶわっとドライヤーから吹くような、冬とは思えない熱風を頬《ほほ》に感じたんです。ん？　って周りをキョロキョロ見まわしたら、さっきジャングルジムにかけていたちゃんちゃんこが、私のいる場所から二メートル程離れた所に落ちていました。さっきの風に煽《あお》られて飛んだのかな？　元の場所にかけなおしてあげようかなって、ちゃんちゃんこを拾い上げてみたら、びちゃびちゃに濡れていて、ずっしりと重たかったんです。

だから風で煽られて飛んできたわけじゃないって分かって、でも周りの雪の上には足跡なんて私の以外に一つも付いてなかったんです。

だから、なんだか怖くなってしまってね。手に持っていた、びちゃびちゃに濡れたちゃんちゃんこをその場に置いたんです。

たき火台近くまで戻ってから後ろを振り返ってみると、雪の上のちゃんちゃんこはそのままで、よく見ると胸のあたりに白い糸で大きく名前の刺繍《ししゅう》が入っていました。

子供が書いた文字みたいな下手な刺繍でね、見ているうちになんか記憶に引っかかるものを感じたんです。

どこかで見覚えのある名前だな、誰だろうってしばらく考えていたら一人思い当たる人がいたんです。

それは過去に、山の遭難で亡くなった親戚と同じ名前だったんですよ。

でも、偶然だろうと思って、ちゃちゃっと荷造りしてたき火の始末をしっかりしてからバイクに跨《また》がったんです。

エンジンを吹かして、後ろを振り返ってみたらさっきのちゃんちゃんこが、消えていて、そこに無かったんです。

嫌な気持ちに段々なってきたから、早くその場を離れたくなってね、再び転ばないように注意しながら運転していたら急に目の前にね、大の字にちゃんちゃんこが道の真ん中に広げられていたんです。

避けたら事故りそうな嫌な場所で広げられていてね、さっき見たのと同じ刺繍の白い文字までハッキリ見えて……どうしようかなって一瞬迷ったけどそのままバイクで上を通ったんです。

そしたら、ちゃんちゃんこがね、

「うぎぃわぁああうあああうあああ!」

って叫んだんです。

驚いたけど、ハンドル切り損ねずになんとか運転して、自分の頭がおかしくなったんじゃないか?　とか何か幻覚剤を知らないうちに吸ってしまったりしたんだろうかとか色々と考えながら走り続けたんです。

かなり動揺していたんでしょうね、家の場所とは反対の方向に進んでしまっていて夕方近くになって、あ!　俺どこへ進んでるんだって思って止まったんです。

その日は、もうバイクに乗るのが嫌になってね、近くの駅まで仕方なく押して携帯電話から車両輸送を頼んだんですよ。

家に帰ってから、あれはなんだったんだろうと考えていた時に、警察署から電話が掛かってきたんです。

それが、ちゃんちゃんこに刺繍されていた名前の親戚の遺品が、山で見つかったって連絡だったんです。なんでうちにって思っていたら、ボロボロのリュックの中に身分証明書とうちの連絡先のメモが入っていたからって聞きました。警察署に親戚と一緒に行ったら遺品が机の上に広げられていてね、そこに色褪《あ》せたハンカチがあって、それがあの時に見たちゃんちゃんこと柄が全く同じ布だったんです。

そのハンカチ、何故かその親戚の名前じゃなくって俺の名前が刺繍されていたんですよ。お前の名前が書いてあるから、お前にあげるつもりだったんじゃないかって親戚に言われたけれど受け取れなかったですね。だって、何か不気味だしツーリング中に見たちゃんちゃんこと同じ柄なのも偶然じゃない気がして、嫌だったんですよ。受け取ったら何か俺の身に起こるんじゃないかって予感もあったし。

そもそも、親戚っていっても特に親しい間柄じゃなかったですし……。

今もバイク乗ってるとね、たまにあのちゃんちゃんこがどっかに居ないかってつい確かめてしまうんですよ。あの時以来、一度も見てはいないんですけどね。

割られた栗――（旭川市）

明治初期の頃、旭川にあるIさん家の末っ子が片手に割られた栗の実を持ったまま親にすがり付いて「外に出ないで」と火がついたように泣いて懇願しだしたことがあった。

普段は聞き分けがよい子なので、両親や兄弟は不思議に思いながらもそういうこともあるかと納得して、その日は外に行かず家の中にいることに決めたという。

またしばらくしてから同じようなことがあったのだが、忙しい時期だったから今度は家族の誰も取り合わず、母と長女長男の三人が近所の山にネマガリタケを取りに行くことにしてしまった。

夕方になり、ネマガリタケの一杯入った籠《かご》を背負ってIさんの家族が帰る途中、三人は熊に遭遇してしまい、母と長男は背中の両側を栗のようにぱっかりと裂かれ、長女は熊に咥えられ、「助けて」と叫びながら連れ去られるのを近くにいた村人が見ていた。

その知らせを聞いて、遺体を取り返しに山に入った猟師と父親と次男も行方知れずになってしまい、後日山狩りをした時に姉の遺体の一部だけが見つかった。

ただ、熊を恐れて村人たちは一旦揃って村に帰ることにし、再び同じ場所に埋葬のために戻ったところ、熊が引きずっていった跡だけがあって遺体はもうそこには無かったという。

この集落でIさんと同じの苗字を持つのは、その時生き残った末っ子の子孫だそうだ。その直系の子孫で現在も当時の面影を残す家屋に住んでいるIさんから、明治の頃の話が今も続いているのだというエピソードも聞いた。

「虫が湧いたので、私が子供の頃に切られてしまって今は無いんですが、かつて庭にあった栗の木が風に揺れている時に『痛い、痛い』という女性の声を聞くことがあるって話を親父から聞いていて、実際に何度か本当に聞こえたことがあって震えあがるほど怖かったです。

そういう日に子供は外には一歩も出てはいけないと言われていて、だから声を聞くと学校休んでました。

一度だけ、兄貴が学校をずる休みをしたかったとかで、聞こえていないのに、栗の木の声が聞こえたって嘘をついたことがあったんです。

その日、家にいた兄貴がトイレに入って出てきた途端、棚の立てかけが外れて、上に乗っていた重たい工具箱がドーン！　って足の指に落ちてしまって、骨が砕けたんですよ。あれはバチがあたったんだと思っています。

栗の木は無くなってしまいましたが、先祖が手に持っていたと言われている割れた栗の実は未だに本当にあって、家の中の神棚に供えられていますよ。

家の外に出る前に、必ずその神棚に向かって手を合わせてから行ってきますと言うようにしています。言わないとね、不吉なことが起こるような気がするんです」

御涙観音――（札幌市）

怪談会で知り合った会社員の山本さんは、古い新聞やオカルト記事を集めるのが趣味だそうだ。

「物覚えが悪いものですから、曖昧な点も多いんですけどね、こういう記事を見つけたんですよ」

そこには涙を流す『御涙観音』と書かれた古い新聞記事があった。

山本さんは記事を目の前の机に置くと、観音像について調べたことを教えてくれた。

「この記事を切っ掛けにインターネットで検索してみたら、札幌市南区市民部総務企画課のサイト『ゆたかな緑・きよらかな水・みなみ区』のサイトがヒットしました。このサイトによると、定山渓温泉東二丁目、北海道秘宝館前にある像で昭和五十五年（一九八〇）六月に建立されて、秘宝館の館長が管理をしていたみたいですね。

管理をしていた館長は、最初のうちは観音像の目から流れる涙は、溜まった雨水のせいだと思っていたそうだけど、晴天の日に盥《たらい》一杯になるほどの涙を流したもんだからびっくりしてしまったとか。

それから観音像が涙を流す噂がテレビ局の関係者に伝わって、観音像の涙の検証番組なんかも放映されて、一時は凄い話題になったらしいです。

検証番組でも観音像が涙を流す理由は分からなかったのですが、観音像を見に来た観光客が流した涙をひとなめしてみたら胃痛が治った等の報告もあったそうですねえ。

それが当時……昭和の六〇年代頃ですかね。インターネットもない頃ですから、口コミで広がってちょっと胃が悪いから涙を貰いに行こうか、そのついでに秘宝館にって行く人もいたそうです。

ブーム時は駐車スペースが遠方から来た車やバスで一杯になって、行列が出来る程の賑《にぎ》わいだった観音像のある秘宝館だったのですが、その後は社員旅行で秘宝館にちょいと立ち寄ったりする時代でなくなり、エロもグロもインターネットで気軽に見れるようになったこともあって客が減って閉館。

その後解体されちゃいました。残念ですよね。

観音像だけは秘宝館が潰れた後も同じ場所にあるらしいです。

解体された建物の横で、今も観音さんが涙を流して泣き続けていてるんでしょうねえ。

また何か気になる記事を発掘したら連絡します。だから、期待しといてくださいよ」

山本さんはそう言ってから、古い新聞記事を四角く折り畳んで、ポケットにしまい去って行った。

後日、別の人から御涙観音に纏わるこんな話を聞いた。

「定山渓の涙を流す観音あるでしょう。あれは、手前のトンネルで事故が多発するようになってから泣くようになったらしいですよ。

それでね、あの観音像にいたずらしたバイカーが、秘宝館の付近で事故ったらしいんだけど、その時は錆でも混じってたのか、赤茶げた涙で両頬を濡らしてたって聞いて、それは流石に嘘でしょって思って。

見に行ったら本当に目から頬のあたりにかけて薄く赤茶の筋が二本残ってて、ぞおっとしましたよ」

豊川稲荷の黒髪――（札幌市）

ススキノ近くにある豊川稲荷神社には、遊郭の近くにあった神社ということもあって悲しい遊女の話が多く伝わっている。

昭和の頃までは、遊女がお百度参りをはだしでする様子が度々見られたという。

昭和元年生まれという橋口勝さんが、かつて会社の観楓会《かんぷうかい》の宴会時に先輩から聞いたというこんな話を聞かせてくれた。

昔、青森から来た山吹と呼ばれる遊女がいた。

見るからに幸薄そうな女で、痩せぎすでいつも青白い顔をしていたが、髪の毛だけは豊かで綺麗だったらしい。そんな山吹は剃刀《かみそり》で愛しい男の名前を体に刻み、豊川稲荷で無言参りをする風習があることを知って、早速試した。

無言参りは思いを胸に、誰とも口を利かずに店から神社まで行き、それを七夜続けると叶うという参り方で、京都の祇園から流れて来たという噂の遊女がススキノで広めたらしかった。

剃刀で刻んだ男の名を見られると、願掛けの効果が消えるという話も聞いていた山吹は、どんなことがあっても男の名前を刻んだその場所だけは、誰にも見せなかった。隠すと見たがる人がいるというのは世の常で、金や暴力でその場所を見せろという男客もいたが、山吹は隠し通した。

しかし、七日の夜が過ぎ、無言参りを終えても思う男はつれないままだった。

なので、今度は長く伸ばした自慢の黒髪を切って願掛けしたのだが、やはり叶わず、その男は別の女と一緒になったという噂を聞いた。

山吹は再び髪を伸ばし始め、願掛けに使ったのと同じくらいまで伸びた時に、バッサリと切って髪をよじって縄にして遊郭の中で自死した。遺体は多くの遊女と同じようにどこかに投げ込まれるように捨てられたそうだ。

それからしばらくの間、豊川稲荷では浮気な男がこの神社に来ると、黒髪が男性の陰部を締め付けるという話が流れ、実際陰部に髪の毛を巻き付けて神社でやられたと騒ぎながら遊郭に来る客もいたと聞いた。

その先輩も、見知らぬ男性が「股にぶら下がっている息子が髪の毛でギリギリと締め付けられてしまった」と、朝帰りにぼやいている姿を見たという話だった。

狐——（恵庭市）

恵庭の介護福祉に勤務している上松さんから聞いた話。

色々とね、嫌だったり理不尽なことがあると、ストレス解消のためにドライブに行くんです。ガソリン代も掛かるのにって、家族にはときどき渋い顔されるんだけどね。でも僕は、酒も飲みませんし、携帯ゲームを月に五百円くらい課金するくらいしか浪費もしない。本当に車を省《はぶ》いたら、趣味ってないんですよ。

昼間のドライブも楽しいんですけど、僕はね、どちらかというと夜の方が好きなんです。夜に車に乗って走っていると、僕は小さな宇宙船に乗ってるような気分になれるんですよ。人類が滅亡した後、暗い宇宙の闇を進んでいるような……ってこんなこと言って、理解してもらえますかね？

たまに、車で夜に走っていると林の木々の間や山の方にぽつっぽつっと青や緑の、淡い色の光を見ることがあるんです。見ているとどことなく寂しくなるような光で、ＬＥＤを何か理由があって誰かが灯《とも》しているのかなって特に気にも留めなかったんだけど、同じ道を同じような時間に走っても、その光が見えない日もあるんです。

それで、その話を家でしたら、同居している弟が「俺もときどきその光を見るよ。その光を見ると、車の中で口笛が聞こえるから嫌だよな」って言うんです。

車のエアコンの送風機から、ピュロ～ピロ一って口笛の音がするらしいんです。

でも僕はそんなの聞こえたことないし、送風口に埃《ほこり》がたまったか、泥がすっぱねて固まったかで、そんな風に聞こえただけじゃないかって弟に伝えたら、そうかも知れないって複雑な顔して答えてました。

僕は、幽霊って思い込みとか何かの見間違いなんだろうって意識がかなり強くある方なんです。

だけどね、到底現実とは思えない存在を、ハッキリと夜間のドライブで見てしまったことがあるんです。

それは何かというと、人面の狐なんです。

夜間に無人の原野を車で進んでいた時に、人面犬ならぬ人面狐を見たことがあるんです。

最初に見たのは、免許を取って間もない頃で、友達を乗せて走っていた時です。

私は運転していたんで、前を向いていたんですが、後部座席に座っていた友人二人が

「あれ、あれ」とか「何？　何？」みたいなことを言って騒がしかったんで、どうしたかって聞いたら「横に横に」って二人共ほぼ同時に言い出して、それでこちらに人の顔を向けて車と並走している人面狐の存在に気が付いたんです。

眉の濃い、中年男性の顔でした。そんな顔が狐の体についていて、無表情でじっとこちらを見ながら、四本の足を凄い速さで動かし続けていたんです。

猛烈に不気味で怖かったから、僕はドアロックして、アクセルをベタ踏みに近いくらい踏んで走りましたよ。

あれは何キロ出していたか分かんないですね。もしスピードカメラがあったら絶対にアウトだったと思います。

民家の見える所まで来たらやっとスピードを落とすことが出来て、冬場だったけれど首の下がどろどろになるほど汗をかいてました。

緊張していたせいでしょうね。

それ以来、時々一人で運転していても、たたたたたって横を走る何かがいるなって感じることが稀《まれ》にあるんです。

そんな時は、横はなるべく見ないようにしているんですが、視界の隅に赤茶色の毛や尾が視えるんですよ。で、顔の方が肌色っぽくて毛が無いのが分かるんで、あ、あれは人面の奴だな、だから絶対に見ちゃ駄目だって分かるんです。

職場の同僚にこの体験を話したら、それはかつて餓死した人の魂だって教えてくれたんです。

同僚も見たことがあるみたいで、僕が見た人面狐は無表情だったんですが、同僚が見た人面狐はにやにやして口をパクパクさせながら、運転席をじいっと見ていたそうです。

あんまり見ると、取り込まれるとも、事故を起こしてしまうともいう話があるみたいです。

そんな同僚からの話を聞いてから気になって、人面狐を見た周辺地域の歴史や伝承を調べてみたんです。

そしたら、恵庭村の古い資料の本で「困憊其極ニ達シ既ニ二十二名ノ餓死者ヲ出ス」っていう一文を見つけました。

他の文献の資料も当たってみて、より詳しいことが分かったんですが、恵庭に入植の際に飢えと寒さでかなりの餓死者が出たらしいんです。

飢餓の決定的な原因となったのが、食糧庫を狐に襲われたのが影響だったという記録もありました。狐が喰わなければ、生きられたかも知れないって無念の気持ちがもしかしたら、ああいう形になって今も彷徨っているのかも知れないですね。弟にこの話をしたら、僕らが見たＬＥＤの灯りと思っていたものも、もしかしたら狐火だか人魂じゃないかって言っていました。

僕には真相は分からない ですが、またドライブしてあの人面狐を見たり、何か分かることがあれば連絡します。

上松さんと別れ、次の取材地に向けてレンタカーで真っすぐな道路を走った。辺りはもう暗く、行き交う車も少なく、出歩いている人は全くいない。私も何か見てしまいそうな気がして、街中に入るまで気が抜けないドライブとなってしまった。

モンショアン――（八雲町）

これは大変有名な話で、今でも恐れている人は多くいるんです。

八雲町在住の保谷忠さんがそういってから語りはじめた。

松前家菩提寺の法幢寺《ほうどうじ》に柏巌峯樹《はくがんほうじゅ》禅師門昌《もんしょう》という名の高僧が住んでいました。

松前藩十世六代目の藩主・矩広《のりひろ》は、数え七歳で藩主となったため、城内では傀儡政治が行われ、悪臣が跋扈し、それだけでなく家老職を代々務めている蠣崎《かきざき》一族内での権力争いまで起こっていました。

城内での陰謀渦巻く騒動の最中、十六歳となった藩主の矩広は、臣下の侍女たちを側室として勧められ、一人を迎え入れましたが、毒を盛られたのかすぐに亡くなってしまいました。

迎えたばかりの側室を亡くし、日々城内で落ち込むばかりの傷心の矩広に家臣、丸山久治郎兵衛は妹の松枝を迎え入れることを勧めました。

城下でも松前小町と呼ばれる程の美貌とかいがいしさもあって、矩広はさっそく松枝を気に入り、懐妊も間近ではないかと城内で噂されるようになりました。

そんな事態を重く見たもう一方の派閥の臣下は、お世継が産まれる前に手を打たねばと思い、松枝が法話を聞くために、度々訪れていた菩提寺の住職・柏巌門昌と密通していると矩広に告げました。

愛しさが深かった分、憎しみも深く、矩広は松枝を斬り捨て、柏巌門昌は熊石に流されてしまいました。


無実の罪で流刑となった柏巌門昌は熊石にあった地蔵堂を「門昌庵」と名付け、村人と交流を結び、読経の日々を過ごすことに決め、日々が過ぎていきました。

しかし、柏巌門昌を追放してから矩広は病床に伏すことが多くなり、城内では「門昌が唱えているのは経ではなく、呪いの言葉ではないか」「殿の不調は呪いが原因ではないか」などと噂したため、矩広は延宝六年（一六七八）十二月二十二日に柏巌門昌の斬首を命じる事態となってしまいました。

柏巌門昌は捕らえられ、筵《むしろ》の上に座らされると、真っすぐ前を見据えてこう言い放ちました。

「我、七代七流の果てまでも祟りこの怨みをはらさん!!」と。

そして、数珠を逆手に持ったまま首を落とされたそうです。

すると、たちまち切られた首が落ちた場所の側を流れていた小川の水が、血色に似た朱に染まり、ごおっと音を立てて激しく逆流し、晴天だった空はたちまち雲に覆われ、豪雨が地に降り注ぎました。

それ以来、庵の前を流れる川は逆川《さかさがわ》と呼ばれています。


その後、討ち手は首級を松前で晒すために持って帰ることになったのですが、川が氾濫していたので、首桶を運ぶ途中に一行が休憩のために円通寺に立ち寄ったところ、生首の目が大きく開き口から青白い炎があがって天井が焦げ、首桶が側に誰も近寄れない程の熱を発したそうです。しかし、門昌の首そのものはまゆげの一本も焦げておらず、目は周りのものを睨《にら》んでいたとか。

門昌の首に纏わる報告を聞いた松前藩の矩広は、顔は青ざめ、唇を震わせながら、そのような首は熊石に送り返すようにと告げました。


熊石に持ち帰られた首桶は、草庵の側に埋められたのですが、その後、討ち手の一人は発狂死。

松前藩江戸藩邸で家老の蠣崎広明を含む五名が亡くなり、側室も皆立て続けに亡くなってしまいました。それだけでなく、冷害による大凶作や、松前城下での大火が起こるも、松前城が門だけを残して全焼、野分（台風）で北前船を含む船が五十隻以上沈没と、次々に起こる災害を目の当たりにした人々は、これは門昌のせいではないかと噂しあったそうです。

以来……悪いことが起こると、これは門昌庵の祟りではないかと言われるようになり、私も小さい頃にモンショアン（門昌庵）は恐ろしいと聞いて育ったものですから、未だに怖いです。

悪いことをすると、モンショアンの首がやって来るよとか、怖いところにモンショアンが連れて行くって言うんですよ。

そういう話を聞いて、夜の雨の日なんかにひたひたと足音なんかが聞こえた気がしてね、ふっと横を見ると坊主の生首がごろんと転がって目があってこちらを睨んだりしないかと、か、そういうことばっかり考えてしまい、便所に行くのが怖くって、布団の中でおねしょした事が何度もありました。

一人で留守番していた時に、猫が箪笥から下りてどすんって音が聞こえただけでひゃあ！　って声をあげてしまったこともあります。

今も子供にモンショアンの話を聞かせて、躾に使っている家庭はあると思います。もう事件があった時から数えて三百年以上も経ちますが、八雲町の熊石と聞くと門昌庵事件を真っ先に連想してしまう人は未だに多くいます。柏巌和尚の無念を語り継がなければと町の住む人たちが感じ、怪談に織り交ぜて伝えて来たのかも知れませんね。

保谷さんが言うには、八雲町には他にも様々な不思議な話が残っているということだった。

闇の夜の井戸――（松前町）

松前家藩主矩広《のりひろ》に纏わる話をもう一つ。

淫酒に浸り、佞臣の言葉しか聞き入れない主君の行いを、戒めようとした忠君が城内におり、名を大澤多治郎兵衛（一説に愚次郎兵衛）といった。

だが伏魔殿の城内に巣食う奸臣輩に疎まれ、大澤の失脚を望む者が城内には多く存在した。

藩主に切諫をすべく機会を待っていた大澤だったのだが、ある日、城内の井戸に主君愛用の鉄扇が落ちたので、拾い上げよと命じられ、深い光の届かぬ井中に下りて行った。

そんな大澤目掛けて、頭よりも大きな石が幾つも放たれた。

元より、謀《はか》られていたことを予想していたこともあって、大澤は目を閉じ「南無……」と唱えて井戸の中で絶命した。

それ以来、井戸を埋めようと幾ら土や砂を入れてもその井戸は決して埋まることはなかった。

そんな大澤の最期を聞いて、城内の風向きも変わり、臣下の中から命を賭してでも、殿を諫《いさ》めようという動きが起こった。

その一つは、家老村上広峰で、井戸に落としたと謂われる鉄扇に似たものを作らせ、矩広の前で切腹し、己の腸をずるずると引きずり出しながら扇にのせて差し出した。そして、「村上広峰、一命を捨ててお諫め申す」と言ってその場で座したまま果てたという。

さすがに矩広もこれには堪えたと見えて以後は善政を執行し、賢君として名を遺したそうだ。

井戸は今もあり、それが闇の夜の井戸と呼ばれていることが分かった。

手長池の怪――（松前町）

松前城から少し歩いた場所に、松前藩の先祖に当る武田信広公が祀《まつ》られている松前神社があり、その神社の左手前に、翡翠色の水を湛《たた》えた古い池がある。

池にはこんな話が伝わっている。


十二代藩主資広《すけひろ》の奥方は京の八条にある、中納言の家から輿《こし》入れされた、教養高い美姫として知られていた。

その奥が、ある晩から厳重に警護されている城を抜け出して、池の側に立っている姿を見かけたという噂が城内で立つようになった。

噂の真偽を確かめようと、家臣の一人が件の池の側で息を潜めてじっと待っていると、夜更け過ぎにふらふらと足元もおぼつかない様子で月明りの下、心ここにあらずといった姿の奥方が池のほとりにやって来た。

しばらくすると、真っ暗な池の水面が急に波打ちはじめ、するすると長く白い手が奥方を目掛けて伸びていった。そして奥方の周りを手が紐のように取り巻き、獣の生臭さが辺りに立ち込めた。奥方が何か一言、二言発すると、手は解けて池に戻って行った。

ただならぬことが起こっていると思った家臣は、翌朝になると奥方に昨夜見聞きしたことを伝え、問いただした。

すると、奥方は池に行ったことは覚えておらず、目が覚めると足袋や着物の裾が土に汚れていることが幾度もあり、不思議に思っていたことと、そのような日は必ず不思議な夢を見ていると答えた。

夢の内容は、公家のような姿の若者が池の上に立っていて、一緒に来て欲しいのだと頼み込んでくるという。

その望みに対し、見知らぬ殿方の側に行くことがどうして出来ようか、そもそも私には殿がいるというのにと返すと相手は無念そうな顔で池の中に消えてしまうという。

そういう夢を繰り返し見ていたという。

これは池に住む、モノノケが奥方に懸想《けそう》したに違いないと思い警護を更に厳重にし、家臣は奥方に守り刀を渡した。

しかし、いかなる妖術を用いたのか、警護のかいなく城内を奥方はあっさり抜け出し、池へ引き寄せられるように向かってしまった。そして、池の水が激しく荒立つと、中から白く長い手がするすると奥方に向けて伸びていった。

手は何故か青い皿を一枚持っており、ざあっと強い風が渦巻くように吹き荒れた。正気を取り戻した奥方は懐《ふところ》から守り刀を取り出して抜き、長く伸びた手を切り落とした。切り落とされた腕は地面に触れるや否や消えてしまったが、手に持っていた青い皿と、血痕は残されていた。

こういったことがあってから、池を手長池と呼ぶようになったという。

妖怪が持っていた皿は、瑠璃を煮溶かしたような濃い青に、濃紺の牡丹の花と茎と葉が広がっているようにも羽を広げた人が踊っているようにも見えるような文様がついている。皿を、眺めていると意識が吸い取られるような心持になる人もいるという不思議な品だった。

手長皿と呼ばれるこの皿は、今も松前家の菩提寺、法幢寺《ほうどうじ》に寺宝として納められているのだけれど、残念なことに一般公開は行われていない。

皿の文様が何か意味を含んでいるのではという噂もあり、何故物の怪が、皿を手渡そうとしたのかという謎も含めて気になっている。

リンゴ、送れC事件の跡——（平取町）

「リンゴ送れC事件って知ってます？」

「なんですかそれ？」

一緒に札幌ビール園にジンギスカンを食べに行った小説家のMさんがいきなりそう切り出した話題の意味が分からず、思わず聞き返してしまった。

Mさんが言うには、かつて地軸が傾いて気候変動から大災害が起こり、その時に特定の合言葉『リンゴ送れC』を知る人だけが、宇宙人のUFOによって救われるという終末論を信奉している団体がいて、北海道にUFOを呼ぶ施設を作ったということだった。

『リンゴ送れC』の合言葉を知り、UFOに助けてもらうため、終末が来た日にその施設に逃げ込めるように、中には私財をなげうって団体に寄付したものもいたそうだ。

しかし、オカルトブームの終焉と共に団体も崩壊してしまったらしい。

ちなみにテレビアニメ『懺・さよなら絶望先生』のオープニングテーマとして使用された、大槻ケンヂと絶望少女達による「林檎もぎれビーム！」という曲タイトルがこの事件を元につけられたそうだ。

Mさんはこの話を友人から聞いて、面白そうだと思って実際にUFO基地がある場所を調べたところ、既に廃墟になっているということが分かった。

廃墟に入ると不法侵入罪で警察に捕まってしまうかも知れない。だから遠目に見るだけにしておこう。

でも、地図には自然公園と書いてあったので、公園ならちょっとくらい入ってもいいだろう。それに自分は小説家だから、いざという時、取材だと言えばもしかしたらそんなに怒られたりしないかも知れない。UFOの基地だなんて聞くだけでわくわくするし、どんな造形の物が残っているか想像するだけでたまらない。

そんな風に考えたMさんは、その廃墟がある平取町のハヨピラ自然公園に友人と一緒に行くことにした。

Mさんと友人がたどり着いたお目当ての場所は、入り口は錆だらけの鉄柵が置かれていてそこには【ハヨピラ自然公園は災害のため閉園させていただきます】と書かれた立て看板が括りつけられていた。

空は青く白い雲が幾つか浮いている。周りを見渡してみたがＵＦＯらしき影もなければ異星人もいない。ただ静かな廃墟がそこにあるだけだった。

ＵＦＯ基地っていうから、もっとＳＦ的な場所を想像していたＭさんはがっかりしてしまったそうだ。

草も伸び放題の廃墟の前で、仕方なく入り口で写真を撮って帰ろうとＭさんは友人と二人で話していると、スクーターがエンジン音を響かせて細い道を進んでやって来た。

スクーターに乗っていたのは、Ｔシャツとジーンズにリュック姿の男性だったそうで、ぶんぶんと蜜蜂の羽音のようにエンジンを吹かせて道内を旅しにやってくるツーリング目的のミツバチ族といった風体ではなく、近所に住んでいる人がふらっと寄るついでにこっちに来ているような感じだったらしい。

その姿を見て、こんな山奥の僻地《へきち》に何をしに来たんだろうと、自分のことを差し置いてＭさんたちは思ったそうだ。

「こんにちは～」

スクーターに乗っていた男性は、ヘルメットを脱ぐとＭさんたちに挨拶をしてから話し始めた。

「UFOですか？　そうですよね？　ここ来る人、絶対そうですよね？」

　Mさんはこの人いきなり慣れ慣れしいな、UFOマニアなのかなと自分のことをおいて勝手にこの手のタイプの人は苦手だなと思いながら、曖昧に「ええ、そうです」と答えた。

「ここにはたびたびUFOが来ているんですよ。僕、たくさんUFO写真持っているから見ますか？　デジカメをリュックから出すんで待っててください」

　早口で喋りながら、アーミー柄のリュックのジッパーを下げ、男性はデジカメを取り出してMさんたちに画像を見せ始めた。

　しかしそういって、見せてくれたUFOの写真はどれも女性の臀部のアップにマジックペンで顔が書いてあるもので、どう反応していいかとMさんが迷っていると、Mさんと一緒に来ていた友人は画面を指さして「これ、UFOの画像ではないですよね。こんなもの見せてどういう気ですか？　おかしいですよ」と指摘しはじめた。

　すると男性は急にけらけらと笑い出し「りんご送れCじゃない、本当の合言葉は違うんですよお、だから駄目なんですよお」と言いながら、目の前で服を脱ぎだした。

（薬でもやっている変な人なのかな？　でも面白そうだぞ）

内心思いながら、Mさんは作家らしい好奇心でもって、パンツまで脱ぎ始めた男性の姿を見ていたそうだ。

男性はフルチンになると「ここー！　みってくっださ～い」と言って、首筋のあたりを指さした。

「するとね、首と下顎《したあご》あたりに変な入れ墨があって……。黒い線で模様みたいな図柄で、入れ墨がごわごわっとミミズみたいに動いて見えたんですよ」

Mさんはそう言って、追加で注文したビールをガッと勢いよく飲んだ。

「一緒に行ってくれた友人は、割と肝が据《す》わった奴だったから、その動く入れ墨見て、それ寄生虫じゃないですよね？　大丈夫ですか？　それ何ですか？　って、その男性に聞いていたんですよ。そしたら、その人はね『きぇええ』って叫んで弓なりにのけぞってから、こう言ったんです。『これは、宇宙人の触手に焼け付けられた痕でえええっす』って」

「触手型宇宙人って意味でその人が答えたんでしょうか？」

私がMさんに聞くと、彼は頷《うなず》いた。

「そうみたいですね。どういう意味ですかと聞いたら、タコみたいな触手の宇宙人につけられたって言ってましたから」

「その男の人の首筋、出来ればデジカメで撮影したかったんだけど、僕たちにそれだけ言ったら服をパパっと着て、スクーターに乗って、あっという間に居なくなっちゃって。友人と二人で廃墟の宗教施設のあった公園前で、何だったんだあ？　って言いながら家に帰ったんですよ。あっけにとられるとは、ああいうことを言うんでしょうね。

そして、その晩、窓のカーテンの外が妙に明るくって。シャッとカーテンを開けて見たらぴかぴかとパチンコ屋の電飾みたいに光り輝くＵＦＯがいて、その中に半透明のクラゲのような生き物が何匹も乗っているのが見えたんですよ。その光を見ているうちに、急に気を失ってしまって……気が付いたら朝だったんです。夢かなあ？　って思いながら歯を磨いてたら、携帯電話が鳴って、口を漱《すす》いでから出たら、一緒にハヨピラ自然公園に行った友人もね、ＵＦＯが窓の外に来た！　って興奮気味に電話越しに言うんですよ。すごいでしょう？」

再び大ジョッキを飲みながらＭさんは何故か得意そうに言い、私も追加でビールを頼んだ。

このＭさんから聞いたＵＦＯに纏わるエピソードは、今まで沢山聞いてきた怪談の中でも一、二位を争う変な話だと思っている。

ＵＦＯに纏わる話――（道内全域）

　Ｍさんから**ＵＦＯ**に詳しいという藤原さんという人の連絡先を教えてくれたので、早速電話をかけてみた。

「こんにちは」

「あ、どうも。Ｍさんから話は伺っています。ところで、田辺さんの夫の小説家のＥさんって札幌南高校出身ですよね？　あの高校、ＵＦＯと縁が深いって知ってます？」

　私はどういう意味なのか分からなかったので訊いた。

「あのですね、昭和二十五年に海水浴に来ていた南高校の学生が偶然フゴッペ洞窟を見つけてしまったんです。知ってます？　フゴッペ。

　フゴッペ洞窟は蘭島海水浴場から歩いて十五分ほど進んだ場所に、小さい丘があってその壁面に入り口があるんです。洞窟内には文字とも絵ともつかない不思議な文様がびっしりと刻まれていて、大きさは奥行が七、八メートル、高さは四、五メートルで、遺跡の保護施設内で見学できるようになっているんですよ。

もしまだ行ったことがないようでしたら、絶対行った方がいい場所です。北海道は西崎山や忍路のストーンサークルに、手宮洞窟の陰刻画とか謎めいた遺跡が沢山あるんです。ストーンサークルだけでも道内に十三か所以上あるんですよ。

色んな学者さんたちが、手宮やフゴッペの壁面の文様をあれは古代北ヨーロッパの文字だの、アルタイ山脈の遊牧民の文様だの、靺鞨人《まっかつじん》の文字だの色んな説をあげていますが、僕あれは宇宙人の手によるものだと思っています。と、いうのも僕がね、実際に宇宙人に出会っちゃったからですね」

「それは凄いですね」

「冗談だと聞いていて思ったでしょう？　本当ですよ、僕のてのひらを見て下さい。薄くですけど丸い痣《あざ》があるの、分かりますか？」

「よく分からないです」

「かなり薄くなってしまったから仕方ないですね。でも、ほら、こうじーっと見るとてのひらに、テニスボール大の丸い痣があるでしょう。これね、ＵＦＯを捕まえた時にできた痣なんです。

僕も実は南高校のＯＢなんですが、高校時代に札幌市内にある自宅でですね、窓を開けてラジオを聞いていたら、透明色のピカピカする玉が入って来て部屋の中央で浮いていたんです。

これは何だろうって顔を近づけて、球体を覗き込むと表面にフゴッペ洞窟に刻まれている有翼人に似た文様が浮かんでいたんです。どうやって浮いているんだろう、中はどうなっているのかなって手で捕まえたら少し暖かくて、これ、捕まえてどこかに見せたら、何か凄い発見になるんじゃないかなって、入れ物になりそうな何かを部屋を見回して探したらポン！　ってコルクを抜くみたいな音がして、青いポンチョを着たサンタクロースみたいな髭の老人が宙に浮いてたんですよ。

それで僕の方を指さして、何か言ったら急に球が焼けた鉄みたいに熱くなったんで手を放してしまったんです。そしたらぴゅーって窓の外に飛んでってしまって、逃がしちゃいました。

それ以来、北海道内のＵＦＯ情報や宇宙人情報を調べるようになりました。

忍路郷土資料館にも昔、行ったことあるんですよ。あの辺りで発掘された出土品なんかも見せてもらったことがあるんですが、一般的にＵＦＯの形として知られているアダムスキー型の円盤に酷似した石皿なんかもあるんです。

僕が見たのは球体でしたけどね。あのＵＦＯは逃げてしまったけれど、しばらくの間は手に赤い痣が濃く残っていて、今も薄くあるから、あれは白昼夢なんかじゃなかったんでしょうね。

それに体に影響がありまして、あのＵＦＯを握ってからそれまでぬるぬるした物は絶対受け付けなかったのに、なめたけや長芋やオクラが急に食べられるようになったんです。あれもＵＦＯの影響じゃないかなと推測していますが、どう思います？

ＵＦＯと言えば昭和四十九年に、北見市の似頃で農業を営む青年がＵＦＯに招かれて、他の惑星に行って一欠けらの岩石を持ち帰ったエピソードはご存じですかね？

あれは当時ＮＨＫ北見の放送局でも報道されたんですよ。その時青年が出会った宇宙人も小さな人型だったそうで、僕ね、実はコロポックルって宇宙人じゃないかなって思っているんですよ。貧乏山付近で、昭和五十六年に目撃されたミステリーサークルの中央に立っていた宇宙人はフキの葉を持っていたそうですからね」

その後も藤原さんによるＵＦＯと宇宙人トークは四時間以上も続いた。


北海道には様々なＵＦＯに纏わるスポットがあると分かり、必ずＵＦＯが見られるスポットという場所も地図つきで教えて貰った。さっそく出かけて行ったのだが、雨に降られたせいかそれともタイミングが悪かったからか、私はＵＦＯを見ることが出来なかった。

函館山の謎の墓――（函館市）

ＳＦ作家の林譲治さんからこんな怪談が届いた。


これは、函館の知人から聞いた話です。

その女性は夫の仕事の関係で、大阪から函館に越して来たのですが、友人知人もおらず親戚もいませんでした。

土地勘もなく、遠くに来た不安を抱きながら日々を過ごしていたそうで、そんなある日、彼女はこんな夢を見ました。


それは、函館のどこかの山の中にいる自分の姿でした。

何故か土地勘がないのに、夢の中ではそれが函館のどこかの山だということが、彼女には分かったそうです。

片側に畑が広がっていて、畑のある山の斜面に、田舎ではよく見かけるタイプの五つか六つ墓石が並んだ、小さな墓地がありました。

彼女は今までにそんな場所も墓場も見たことがなく、墓碑銘を見てみても全然知らない名前ばかりで、そこでパチッと夢から覚めました。

目が覚めて、夫を送り出した後、強く夢で見た場所が気になって仕方なく、彼女は何故か、どうしても、その墓場に行かねばならないという気持ちで頭が一杯になってしまいました。

しかし、そもそもその墓場がどこにあるかさえ分からず、漠然《ばくぜん》と函館山の方と思うけれど、夢は夢。根拠はありません。

それでも着の身着のままで夢の場所を見つけに行こうと家を出たところ、後ろからクラクションがブーっと鳴って、振り向くと個人タクシーが停まっていました。

「奥さん、乗って行きませんか？」

彼女はためらわずにタクシーに乗り「墓場まで」としか言わなかったにもかかわらず、タクシーの運転手はメーターを倒して発進しました。

タクシーの座席から窓の外を見ていると、夢で見た山がぐんぐん近づいてきます。

ああっやっぱり……函館山の方という勘は当たっていたんだ……。そんな風に思いながら夢で見たのと寸分違《すんぶんたが》わぬ風景の畑の中をタクシーは走り抜けていき、やがて停車しました。

「着きました」

運転手の声を聞いた後、彼女は飛び出すようにタクシーから降りました。

そこには夢で見たあの墓場があり、墓碑銘も一緒でした。

「夢と何もかもが同じだ……」

そこで彼女はタクシー代を払っていないことにはっと気がつき、振り返ったのですがタクシーはおらず、発車した気配もありませんでした。

周りを見回してもタクシーの形跡は全く何もなく、まるで煙のようにその場から消え失せたとしか思えないような状況でした。

家に帰らなきゃと彼女は思ったのですが、あいにくと携帯が普及する前であり、仕方なく山道をひたすら下ってバス停までやっとの思いでたどり着きました。

バスが来るまでに、二時間ほど待つ必要がありましたが、もうこれ以上歩きたくなかったので待つことに決めました。

結局、あのタクシーは何だったのかも、墓場の意味も分かりません。親戚で不幸があったとかそういうこともありませんでした。

後日、バスの停留所は分かっていたので、夫に頼んでその墓場を探したのですが、畑はあっても墓場はなかったそうです。

今になっても気になって、何か誰かが夢を通じて伝えたかったのだろうかと思っていますが、真相は不明なままです。

函館山の切れない木——（函館市）

怪談はやはり連鎖するのか、林譲治さんから怪談が届いたのと同じ日に、函館に纏わる怪談が続いて幾つも届いた。

函館山の山麓からすぐのところで、二つ目のカーブを越えたところに道の真ん中に大きな杉の木があるんです。
山道だから、視界を遮《さえぎ》る原因にもなるし、何故切らないんだろうと、思って調べたらこんな話があるって分かりました。

その杉の木は天狗が住んでいるって伝承があって……以前、何度かあの木を移植しようとしたらしいんですが、その度に測量中の人が怪我をしたり、かけたはずの安全器具が外れていて木から落ちたり、クレーンが倒れたり……と、立て続けに事故が起こるので、植え替えの計画は白紙になってしまいました。
それなら切ろうかってことになって、計画の変更の方針が持ち上がったところ、今度はその計画に携わる作業員や関係者の方が事故や病気などで立て続けに亡くなってしまったそうなんです。

その結果、杉の大木は切られずに道路にたたずむ形で放置されることになって、ドライバーの注意を促《うなが》すために「！」と標識が打ち付けられることになったんです。

その標識を取り付ける時も、木が蝉《セミ》の鳴き声みたいなギィギィと音をあげたって話があります。

函館山に行く機会があれば、ロープウェイじゃなくってレンタカーかタクシーかバスで行ってみてください。必ずその「！」の標識が付けられた木が道の真ん中にあるのが目に絶対入る筈ですから。


そして、これは私の知り合いが聞いた話なんですけど、その木に夜、車から下りて近寄って悪戯というか、度胸試しで十円玉でひっかき傷を付けようとした人がいたんです。

そうしたら、その人の両手が急に漆でかぶれたみたいに、パンパンに赤く腫《は》れてしまったんです。赤く腫れあがった手を見て、怖くなったその人は、大慌てで車に乗り込んで手の疼痛をこらえながらハンドルを握って山を下りたんです。そしたら不思議なことに、山を下りて街中に差し掛かった頃には赤い手の腫れが治まったんです。

あの木、横通ると何も知らなくってもゾワっとしますよ。

インターネットでも【函館山の切れない木】とか、【函館山の呪いの木】で検索すればヒットするんで。それでどんな木か、画像で見られるんで一度調べてみてください。

赤墓――(函館市)

H新聞の記者をしていたこともあるという、Dさんから聞いた話。

函館山の麓にある外国人墓地の一角に、真っ赤に塗られていた墓があります。葬られているのは〝天下の号外屋〟と自称した、信濃助治という男です。案内板によると、助治は明治二十七年(一八九四)六月に本州から函館へやって来た人物で、彼は、帽子や上着から足袋に至るまで、全身真っ赤っかの赤尽くめの格好で、突如函館に現れました。

赤尽くめの信濃助治は、天下の号外屋を名乗って、日清戦争関連の記事の載った北海道新聞の号外を町で撒《ま》いていたそうです。

当時函館の町で、奇天烈《きてれつ》な赤い姿の彼は目についたせいか、大変な有名人であったらしいですよ。全身赤い男が新聞を撒いていたら、現在でも評判になるでしょうから、当時はさぞやと言ったところでしょうか。

赤い服のインパクトがよほど強かったせいか「赤服」と当時呼ばれていたらしいですね。どうして赤色を好んだかについては、〝赤心〟という言葉が武士の精神を表すからだそうです。

彼の赤へのこだわりは相当で、住んでいた家も家具も全て赤で塗られていたとか。赤く塗られた墓に白い文字がキリっと抜かれた鮮やかな「赤墓」は当人の遺志によって、今も尚、年に一度、親族たちの手によって赤く塗りなおされています。

ただこの奇抜な赤い色のせいかどうかは分からないけれど、墓地には目さえも真っ赤な怪人が出る噂があるそうです。

他に、昼間でも、人によっては赤い火の玉が赤墓の近くで浮いているのを見ることがあるそうですよ。

私は現地の「赤墓」のある外国人墓地に行って、そういう何かを見たりはしませんでしたが、家内と一緒に赤墓の前で撮影した写真に斜めの赤い線のような煙というか、光が映り込んでいました。

それが「赤」だったんで、流石《さすが》だなあと感心してしまいましたね。

そう言って、Dさんは赤墓に斜めの赤い光がしっかりと映り込んだ写真を見せてくれた。

映ったもの――（札幌市）

東京で飲食店を営んでいたがコロナ禍で閉店となり、現在札幌で福祉関係の仕事をしている中村さんから聞いた話。

札幌の豊平区の西岡公園の中に、西岡水源池って場所があるんですよ。風光明媚な場所で、狐やリスなんかもいますし、蛍や紅葉の名所としても知られているんですが、昔は貯水池だったとかで、一九〇〇年から一九七〇年頃まで、陸軍の施設や周辺住人に給水を行っていたそうです。小学校の時は、スケッチ遠足っていうのがあってその公園で写生して賞を貰ったこともあるんですよ。

そんな場所なんですけれどね、僕が小さい頃から心霊スポットとしての噂もあって、あの貯水池（西岡水源池）で死ぬと藻に絡まれて死体が浮かび上がってこない。

だから、池の底には沢山の自殺や他殺の死体が沈んでいるんだ……なんて噂がありました。それに、近くにある、国登録有形文化財に指定されている「旧西岡水源池取水塔」の近くでは、殺人事件があったとかで、この水車小屋みたいな塔の撮影をすると、窓に居るはずのない人影や赤い掌が写るとか。

他にも塔を携帯電話で撮影して、夜になると、着信も無いのに震え出すだとか、非通知の電話が掛かってきて、出ると〝イタイ、タスケテヨ〟とか、ごぼごぼという泡みたいな音が聞こえるという話もありました。

小さい頃から割とそういう話は好きだったんですが、大人になって東京で忙しく働いているうちに忘れるというか、思い出すこともなくなっていて……。

東京での店をどうしても閉じないといけなくなってしまった時はどん底に突き落とされたような気持ちになるほど辛くって。でも、とりあえず情けないなと思いながらも家賃の心配がいらないので、札幌に戻ることを決めて就活しだしたんですが、なかなか新しい仕事が見つからなかったんです。

最初は経験のある、飲食関係をメインに探していたのですが、東京と同じでこっちもやっぱりコロナの影響で不景気で、自分が求めるようなところは年齢のせいもあってか雇ってくれないんですよ。

家にいても息苦しいし、虚しいばかりで、このままじゃ病んでしまいそうだなって思って、毎日家にあった古い自転車であちこち散歩していた時に、気が付いたら西岡水源池にいたんです。

その時は紅葉シーズンで家族連れもいて、賑やかしい感じだったんですが声や音が間近でも遠くから聞こえるというか、なんか嘘っぽく感じて。

精神的な落ち込みのせいか、周りの人間が全部エキストラみたいにさえ思えてしまっていて……そして、その時急に過去に聞いた怪談のエピソードを何故か思い出してしまったんです。

その中で、ここに居る霊を見ると池に取り込まれて楽に死ねるっていう怪談があったのも思い出したんで、楽に死ねるんなら幽霊を見たいなって、自転車を置いて池の辺りまで歩いて行ったんです。


天気がいい日でね、こんな綺麗な風景の中で楽して死ねるならいっかって、その時は本気で思っていたんです。死体も浮かんでこないなら、遺体の始末もないから迷惑かけないだろうしなあって気楽な気持ちで、池を覗き込んだら僕の疲れた顔が映っていたんです。目の周りが隈に覆われた、しょぼい顔で……じーっとね一時間くらいかな？　水面を同じ体勢で見続けていたら、顔の内側から小さい虫が集《たか》ったみたいにうじゃうじゃっとした黒い小さい点が沢山集まって腐り落ちていくような映像を見たんです。

その時、耳に虻《あぶ》が止まってね、手で追い払って、その時急に水の中から物凄い腐臭を感じたんです。

思わず顔を水面から反らすと、空中に「だいじょうぶ」って文字が浮いているのを見たんです。色はどぎついピンク色でしたね。

目の錯覚かも知れないけど、大丈夫ならいいかなって、歩いて帰ったんです。

自転車はその場に置いたままで、別の日に取りに帰ったら盗まれたのか、撤去されたのか、無くなっていました。

そこから飲食とかの縛りとかこだわりなしで、就活したら今の勤め先があっさり決まったんです。

あの時水面に映ったのは、あれはあのまま死んでいたらああなったぞっていう自分の顔だったんだなと思っています。

「だいじょうぶ」の文字なんですけど、意味分かんないですよね。

でも、あの文字のおかげで今も生きているわけですよ。

幽霊の励ましなんですかね？　幽霊って喋れないんじゃないかと思うんで、文字でメッセージを伝えてくれたんじゃないですか？　って僕は思ってるんですけどね。

手離れしない――（札幌市）

「内容が内容なので、詳細は書けませんが、三十年以上前の札幌での話です」

ひそひそと囁くような声で、ムロさんと私に名乗った男性が語り始めた。

騒がしい居酒屋内の一室なので、かなり集中しないと声が聞きとれない。


ある会社は社長の方針もあって、反社団体から抜けて更正する人を積極的に雇っていたんです。そこの社員の体験でね、その人が反社団体に属していたのは成人するかどうかという頃でした。


属していると言っても最末端で水商売の雑用で糊口《ここう》をしのいでいた程度です。

ある日の深夜、ちょうど彼が住んでいる安アパートに帰宅してそのまま寝ようとしている時に、兄貴分が飛び込んできました。

兄貴は厳重に新聞紙で梱包した物を持ってきていて、それを見た瞬間、毛穴がぶわっと開き、あっこれはヤバイぞっと新聞紙越しでも分かるほどでした。

そして兄貴が青い顔で、「おいお前、これ捨ててこい。ちゃんと誰にも見つからないようにだぞ」と、新聞紙に包《くる》まった何かを押し付けてから、蹴るようにしてドアを開けて出て行ってしまいました。

嫌だなあ、兄貴分からの頼みとはいえ、捨てていけなんて……。

自分で捨てに行けばいいのに、その人はそう訝しく思いながら兄貴分から預かった新聞包を開いてみることにしました。

中から出てきたのは、トカレフでした。記憶にあったTT―33とは形状が少し違って見えたのでコピー銃か、もしかしたら改造銃だったのかもしれません。グリップの所に斜めの傷がついていて、モデルガンではない、鉄のずっしりとした重みが見ただけで分かる品でした。それでやっとその人は、今自分が置かれている状況を理解しました。

これは、新入りには任せられないが、幹部が直接関わるわけにもいかないようなことを、押し付けられるポジションの自分に任された汚れ仕事だということにです。

そして、新聞紙越しでも分かるヤバさの勘はハズレてはいなかったのだと。

兄貴分は、拳銃を始末しないとならない状況にいる。

おそらく今さっきヒットマン仕事をしてから、兄貴は警察に目をつけられる前に、自分に証拠品を処分させようとしたのだろう。

だからまだ、マスコミも情報を掴んでいない。きっと早くともニュースになるのは明日からに違いない。
手の中には重たく冷たい銃があります。

さっきまで鳥肌が立つほど恐ろしいと感じていた物なのに、黒い鉄の艶やかな体を見ていると、本当に引き金に指をかけかけて、無性に撃ちたいという衝動を覚えてしまいましたが、狭いアパートの一室です。ここで撃てば絶対にバレることも分かっているのに、少しだけ、もう少しだけと指に力をかけ続けましたが撃つことは出来ませんでした。トカレフにはセイフティがついていません。なのに、どうやって、力を込めても引き金が動かなくなったそうです。

力を込めたせいで指についた拳銃の引き金の痕を眺めながら、深呼吸をすると気持ちが落ち着きました。拳銃の魔力に囚われていて、正常な判断が出来なくなっていたらどうしようと、その時感じたそうです。

警察が兄貴と自分のことを知っているかどうかは分からないけれど、処分するなら今のうちしかないだろう。

彼はそう考えて、翌朝一番で、電車やバスを乗り継いで、遠くの山に向かいました。

田舎の山近くのバスの停留所、そこで下りたのは彼だけでした。

山に入り、出鱈目に二時間ほど歩き続けると、山の頂上近くにたどり着きました。そこで一発だけ、一発だけ……と言って彼は引き金を引いてみました。

するとタァンと乾いた音が響き、自宅の時ではあれだけ強く握っても撃てなかったのに、弾はあっけなく発射されてしまいました。

「ははっ撃ってみたぞ」

その瞬間、強い快感を覚えたのですが、何しろ素人なので、銃撃の反動で拳銃が跳ねてしまい、手首を酷く痛めて、それ以上は撃てませんでした。

腕の痛みを治まるのを待っている間は、拳銃のことで頭が一杯だったのですが、徐々に落ち着いてきて、本来の目的をやっと思い出すことが出来ました。

兄貴分からの頼み事を果たすために山に来たというのに、穴を掘る道具も何も持ってこなかったので、木の枝で穴を掘って形だけ埋めることしか出来ませんでした。

バス停まで戻る途中、登山客と思わしき人と何名かすれ違い、しまったと思いましたが、彼は何食わぬ顔をして通り過ぎました。

そうして夕方には札幌に戻ったのですが、発砲事件は何も報じられていませんでした。

「兄貴があんなに慌てていたのに、どうしてだ？　それに、撃った時もあんなに大きい音だったのにおかしいな。それとも猟友会の人の銃音と思われて、運よくあの山にいた人たちから通報されなかったのかな」

そんな風に自分を納得させてからそのまま仮眠して、いつものように勤めている店に出て、再び深夜に帰宅しました。兄貴分から何の連絡も来ていませんでしたが、状況を考えたら無理もないと思っていました。

体中が泥のように重たく、家に帰るなり布団に横になった彼は悲鳴をあげてしまいました。何故なら、万年床の布団のなかに、銃があったからです。土も付いていて、グリップに斜め傷のある彼が捨てた拳銃でした。

布団にある銃を見て、パニックになった彼は兄貴に連絡を取ろうとしたが、行方は分からず、組に聞いてもなしのつぶてでした。

その後も銃を豊平川に捨てたり、石炭貨車に忍ばせたりしたのですが、どれも失敗して拳銃は何度も何度も彼のアパートに戻ってきてしまいました。

そうこうしているうちに彼はだんだん怒りを覚え始めました。

それは、厄介事は下っ端に押し付けて、助けてもくれない幹部たちに対してです。彼は末端なので自分の属する反社団体のことをよく知らなかったのですが、代表の家だけは知っていました。そこで代表の家の庭に銃を投げ捨ててやったのです。

後から自分がやったことに青くなったのですが、組織からは何も言ってこないし、銃は戻って来なくなりました。そうして数日後に、幹部が拳銃の不法所持か何かで自首したと聞いたそうです。

この事件から、彼は団体とすっぱり縁を切り、堅気《かたぎ》として生きていくことに決めました。

捨てた人形が何度も戻るという話はよく聞きますが、怨念がこもるという点では銃にも同じ習性があるのかもしれませんね。


最初はひそひそ声で話していたが、途中から熱を帯びて大きな声で話し続けていたムロさんに、私は気になったことを聞いた。

「それって、第三者から聞いた話じゃなくって、もしかするとムロさんの体験談ですよね。違いますか？」

「あっ、バレちゃいましたか。でも、もう時効なんで」

ムロさんは頬を気まずそうにぽりぽりと爪先で掻きながら笑い、そしてギロっと目だけを光らせて私を睨んだ。

「好奇心ってものはほどほどにしないと、幽霊よりコワイ目に遭うことがあるから気を付けた方がいいですよ」

その視線だけで、自分の背中から嫌な汗がじわっと湧き出てくるのが分かった。

函館の小学校の先生から聞いた話――（函館市）

札幌美術学園、通称・札美の先生からこんな怪談が届いた。

札美の社会人コースの生徒さんの中に、元教員をやられていた人が何人かいてその中に、Yさんという方がいました。

Yさんはいかにも元校長先生といった人品の方で、札美では僕が先生でYさんが生徒なわけですが、Yさんと少し話をしていると、自然と人間の出来の差から立場が逆になり僕が生徒のような感じになる、そんな人でした。

これは「学校に勤めていたら必ず一つくらい奇妙な話があるよ」と言って、世間話のついでにそんなYさんから聞いた話です。

四～五十年ほど前、Yさんはまだ一教員で、勤めていた函館市近くの小学校は、戦後建てられた古くないごく普通の校舎だったそうです。

しかし、当時先生方の間では、当直の夜に何かが出るという話が後をたちませんでした。変な物音がする、人影が視界を横切る……といったような現象を体験する先生が多く、そんな理由から気持ち悪がって、次第に当直の当番を嫌がる先生が増えていきました。

当直が怖い……という先生たちの声を聞いたYさんは、霊感の類も全くなく幽霊なども信じないので、怖がる先生の当番を代わりに引き受けることにしました。

夜の校舎も全く平気で、歩きまわることが出来たYさんでしたが、何故か階段の踊り場にある大鏡の前を通る時だけは、嫌な感じがして背中がヒヤッと感じたそうです。

でも、それだけだったので、幽霊を信じていないYさんはさして気にせず学校に勤めていました。

しかし、相変わらず小学校では奇妙な現象は続き、先生たちがあまりに怯えるので、一度お祓いをしてもらおうということになりました。

幸いなことに、生徒の父兄に地元の神社の神主さんがいたのでお願いしたところ、安く請負ってくれることになったのですが、通常学校の経費では、お祓いのようなことに予算を割くことは許されません。なので、職員たちがお金を出し合って神主さんにお祓い費用を渡すことになりました。

お祓いをお願いされた神主さんは、地元の事情に詳しい人だったので先生たちの訴えを聞いて、「やはりそういうことがありますか……」と言い、先生たちに小学校の建てられた土地のことを話してくれました。

神主さんが言うには、この土地はなかなか買い手がつかなかったので、国が買い取り小学校が建てられたということでした。その理由は、太平洋戦争中に爆撃や艦砲射撃で、死者が出た土地だったからだということでした。

お祓いは効果があったようで、当直の怪奇現象騒ぎも次第におさまっていきました。

しかし依然としてYさんは踊り場の大鏡の前を通る時はヒヤッと感じることが続き、何か気持ち悪いなと遅まきながら思い始めたそうです。

一度気になると、なかなか頭から鏡のことが離れず、Yさんは大鏡のことを人に相談することに決めました。すると、その大鏡は在校中に亡くなられた生徒のご家族が寄贈したものだということが分かりました。

霊感もなくそれまで平気に過ごしてきたYさんが「そこから急に怖くなって参りましたよ」と言っていたのを覚えています。

お祓いも終わってしまったし、鏡が気になるものの打つ手もなくYさんは困ったのですが、どうしようもありません。

仕方なく、昼間に個人的に手を合わせてみたりしたそうですが、たまにヒヤッとする嫌な感じは続いたそうで、転勤するまで怯えて過ごしたそうです。

おおよそ怪談とは縁のなさそうなYさんから聞いた話なので、印象に残っています。

タコ部屋と泣く木――（栗山町）

札幌に住む渡辺さんから聞いた話。

栗山町にある某トンネルはタコ部屋労働者の手で建設されたんです。

タコと呼ばれる労働者は、僅かな食糧と厳しすぎる労働から、脱走者が絶えなかったので、当時の現場監督は見せしめのために足を折ってから、木に縛り付けてそのままにして凍死や衰弱死させることさえありました。

タコ労働者の「タコ」と呼ばれた由来ですが、タコ壺のような狭い部屋に労働者がぎゅうぎゅうに押し込められていたからとか、裸同然で働かされて体全身が真っ赤になって、それが茹でタコのように見えたからとも言われていますが、はっきりとした説や由来は不明みたいです。

タコは重労働と栄養不足による脚気も深刻で、真冬でも防寒具等なくボロボロの布を纏い浮腫《むく》んだ手足に餓鬼のように突き出た腹に落ちくぼんだ目……。もし何も知らない人が当時の様子を見たら、地獄に迷い込んだかゾンビにでも会ったと思ってしまったかも知れません。

体罰も酷くて殴るなんてのも日常茶飯事で、重いブーツで腹や背中を蹴られたり、わざと危ない箇所の修繕に向かわされたり、言葉を幾つ尽くしても当時の惨状を言い表すことは出来ないと思います。

怪我しても病気で倒れても医者なんて来るわけがないし、薬もありません。

そもそもそんな状態でも休ませてくれさえしませんでした。

倒れてしまったら近くの道やら林やらにぽいっとゴミのように放り投げられるだけです。

そんな状態でしたから、工事完了までに犠牲者は百名……と言われていますが実際の数は分かりません。

今も山菜採りに来た人やハイキングに来た人なんかが人間の骨じゃないかって思う白い物を草木の間に見ることがあるそうです。

昭和三十年だか四十年の頃には、遺骨が国鉄の職員によって約五十体分発見されていて、供養祭も行われています。

その栗山町のトンネルなんてすが、幽霊が出るって言われていて、私、幽霊を見たことないもんですから見れるなら見てみたいなと思って、何度か足を運んだことがあるんです。

ある年の冬に、トンネルの近くで幽霊を見たいという気持ちを抱きながら散策していると一人の男性に声をかけられたんです。

「何をしているんですか?」って。

変に隠したりするとおかしいと思われて、疑われたりするんじゃないかって思ったもんだから正直に「ここに幽霊を見に来たんです」って答えたんです。

そしたらその人が、このトンネル脇は危ないし幽霊見るならここより「泣く木」の傍がいいよって言うんです。

「泣く木って何ですか?」って聞いたら、なんか、泣き声を出す木とかで、切ろうとした人が祟りで死んだそうなんですよね。その木には近くの工事で亡くなった人の怨霊や自殺者の霊が取り憑いてるらしいんです。

「凄い有名な木だから、幽霊見たいならそっちだろ。町のサイトにも紹介してあるぞ」って聞いたんで、町のHPを調べてみたらあったんですよ。記事が。

それでねえ、行ったんですよ、泣く木を見に。

そしたらねえ、木がないんですよ。枯れちゃってたのかな? でも木があった場所に説明の碑文はあって、その傍らにぼろぼろの片目の取れた人形が置かれていて、何気なく拾い上げたんです。

そうしたら、人形の口が、糸で縫《ぬ》われた口がぱっくり裂けて、中の綿を見せてハッキリとこう言ったんです「たすけてください」って。

声はかなり年配の男性に近かったです。

もう怖さとかそういうのもなくて、反射的に人形をその場に投げ捨てました。

そしてスマホを立ち上げてツイッターのアイコンをクリックして、どうでもいい呟きの並びを読みながら、歩いてその場を離れました。

途中、背後から「たすけてください!!!」って声が二度ほど、それもかなり大きな声で聞こえました。振り返ろうかなとも迷いはありましたが、そんなことしたら次にあの人形に自分が取り変わられてしまうんじゃないかって思ったこともあって、そのまま立ち去りました。

「その人形にタコ部屋で亡くなった方の霊が取り憑いてるとかそういうのだと思います?人形はどんな形してました? 服装は? 大きさは?」

立て続けに質問をすると、相手は答えてくれた。

その人形がどういう形だったかとか色とかはほとんど思い出せないんですよ。

綿の感じと口がぱっくりと開いたところはハッキリと覚えているんですけど。

だけど声だけはずっと耳に残ってて、思い出せます。

あの場所から離れた今も時々聞いてしまうし。

夜、鏡の前で歯磨きしている時なんかに「たすけてください」と聞こえた時は、なかなか寝付けないし気分は最悪ですよ。

でも、どうしたわけか、ずうっと聞こえないままでいると、それもまた寂しいと言うか不安になるんです。

今もあの場所に、放り投げてしまった人形がいるかどうかは分からないですが、声が聞こえるうちは声を出せるくらい元気なんだろうなとか、捨てられてないんだなって分かって妙に安心するんです。誰かが取りついてるっていうか人形に取り込まれてるんじゃないかって根拠や理由はないけど、そんな感じと印象を受けましたね。

「あの、声が聞こえなくなっている間、人形が声を発したおかげで、誰かに助けられたって思わないんですか？」

ああ、それはないですね。「たすけてください」と言いながらあの声の感じは完全に助けられることを諦めているような感じでしたから。あの人形、苦痛から意識をそらすために言ってるだけで、本気で助けを誰かに求めているわけじゃないと思いますよ。

そういえば人形って依《よ》り代《しろ》とかにもされるんですよね。あの場所の噂なんですが酷い折檻をされた後にトンネル完成のために、呪物と一緒に生き埋めにされた人がいたって話がありますす。なんでも人柱にされたとか何とか。両手足を縛られてね、しょんべんかけられたりしながら、殴られたそうですよ。最後はシャベルだか鶴嘴《つるはし》でわき腹を抉《えぐ》られて殺されたとか。

不思議なのが、まるで見てきたようにこの手の拷問や悲惨な状況を語り継ぐ人が田舎町のあちこちにいることです。

北海道は探せばこの手の話がいくらでもごろごろ転がっているみたいですよ。

吹雪の中で――（札樽自動車道）

これは私自身の体験です。

そう言って、長沼町出身のＳＦ作家のＨさんが話はじめた。

八〇年代末、九〇年代はじめ頃の真冬に、仕事の関係で深夜の二時ごろに札樽バイパス（札幌・小樽間の高速道路）を小樽に向け、一人で軽の社用車を運転していました。

途中で吹雪になり周囲の視界は大変悪く、闇の中ライトで照らした僅かな空間が白く浮き上がって見えるだけでした。

深夜の真冬なので、他の自動車はほとんど走っておらず、そんな中で時折エンジンの音を響かせて、トラックが追い抜いてきました。

雪の中を走り続ける中、プパァーンとクラクションの音がして、サイドミラーを見ると暗くてあまり分かりませんでしたが、ボンネットトラックが映っていました。

六〇年頃の日本では珍しくないボンネットトラックでしたが、さすがに八〇年代も終わるかという時期にはすでに珍しかったので、マニアが乗っているのかなと思ったんですが、運転席に座っているのは配達員の服を着ているように見えました。

トラックは視界が悪いためかゆっくり走っていたのですが、少しだけスピードを上げて私の車をすうっと追い越しました。私はそのトラックの後ろを走っていた方が気が楽だったので、ゆっくりしたスピードで後ろについて行くことにしました。

それで気がついたのは、そのトラックの汚れです。

冬の北海道のトラックの汚れというのは、凍った雪にこびりつくような汚れなのですが、そのトラックは明らかな泥汚れで雪も氷もついていない。しかも吹雪にもかかわらず雪汚れもなく、それどころか雪道をチェーンも履いていない、これはおかしいと思ったのです。

このトラックはもしかしてこの世のものではないのでは……と思った途端、唐突に吹雪の中に消えてしまいました。速度を上げたのではなく、雪の中に消えたのです。

何だろうと思っていると、前方の高速の路肩に白い浴衣を着た老婆が立っていました。すれ違っても老婆は何の反応も見せず、すぐにバックミラーからも消えました。一般道ではなく高速道路で吹雪の深夜に老婆が徘徊するはずもなく、さらにトラックと関係があるのかどうかも分かりません。

雪の中には、人でないものが通る道がもしかしたら隠されているのかも知れません。

百段階段――（札幌市）

札幌市の南区在住の山岡りえさんから聞いた話。

割と昔っから有名な心霊スポットらしいから、既にご存じかも知れないけれど、「藻岩山百段階段」と言われている古い急な階段があります。

あまり使用している人がいないのか、石段部分と鉄の階段部分があるのだけど、どちらも手入れはあまりされてないのか、ボロボロで錆だらけです。

その階段には色んな怪談が伝わっていて、登っているといつの間にか下っていることがあったり、段数を数えながら登るとどこからか、子供の声がして「今何段？」って聞かれることがあるみたいで、その声の質問に答えられないと、ドンっと何かがぶつかるような音がして階段から転げ落ちてしまうそうです。

他にも、急に足が上がらなくなってしまったり、階段の段数が日によって違うとか、夜に特定の段で立ち止まってしまうと、兵隊さんの幽霊が出て来て追われて、追いつかれると不幸な出来事があるとか、近々事故に遭ってしまうって話があります。

兵隊さんの話は、藻岩山には何故か地下壕があって多分きっと軍の施設なんだろうから、それに基づいた噂なのかも知れませんが。

私の娘もね、私に似てこういった話が好きなのを知っていたから、このエピソードをね、ちょこっとだけ伝えたんです。

そしたら藻岩の百階段は近いし、友達と肝試しに行くって言い出して、熊が出るかも知れないってラジオを点けて鳴らしながら階段を途中まで行ってしまったんです

そして友達と仕事だの将来の不安だのを怖さを紛らわせるのもあって、ラジオの音に負けないくらい大きな声で喋りながら登って行くと、二十段くらい先に大きな緑色の変わったお面をつけた子供が立ってたんです

これはもしかしたらお化けって思って娘も、その友達もひゃあって声あげたら、そのお面をした子はくるっと後ろに向いて、階段を上へ上へと登って見えなくなってしまって……子供の足の速さとは思えなかったのと、鉄の階段を上がっていったのに音がしなかったんですって、全く。

私は娘の作り話じゃないかって思ってたんだけど、その友達の子が家に遊びに来た時も全く同じ話をしたし、それに恐がり方が異常だったの。顔がさあっと青くなっていって、あ、

これは本当に視たんだってその表情を見て分かってしまったんです。

あの辺りの山全体で、色んな不思議なことがあるって聞くんですよ。札幌市内から見える、なんの変哲もないそれほど高い山でもないのにね、以前も学校のスキー授業で子供が藻岩山で行方不明になって、パッと三日後に家の布団の中で見つかったって話があったの。

他にも藻岩山では校外学習中に、神隠しにあった子がいたとかで、結局見つからなくって家族の人が建てた地蔵があって、その周りで真っ赤な鹿が出るって話も聞いてね。

毛が茶毛じゃなくって、血液みたいな色した鹿なんですって。

私の弟が一度見てしまって気持ち悪いから、嫌だったたって聞いたの。

しかもその鹿に何か話しかけられたらしいのよ。

でも、凄く自分にとって大事なことを告げられたらしいんだけど、具体的にどんなことだったかはどうしても思い出せないんですって。

近所にある山に、これだけおかしな話があるってすごいと思いません？

オオカミになる

「嘘みたいな話だから、笑われるかも知れませんが」

かつて馬牧場を営んでいたTさんは照れ臭そうにそう言ってから話しはじめた。


「一時期ヒグマの被害が酷くって、馬を何頭もやられてしまいました。近所に熊が食べるのが好きなデントコーンの畑なんかがある影響もあるんでしょうね。牧場の攻略法を完全に学習されてしまっているんです。熊は賢いですよ。どう立ち回れば効率よく食べられるか、猟師にやられないか熟知しています。高圧電流の鉄柵で対策すればいいなんて言われますが、費用がかさむし、メンテナンスも大変なんですよ、あれ。

困った時の神頼みというか、ヒグマ避けには埼玉県の秩父にある三峯神社の狼の札を貼るといいよなんて噂を聞いて、最初はアホらしいと思ってたんですが、実際近所の人が貼ったら襲われなくなったって話していて、ならうちも貼ってみようかなって思うようになったんです。でも、遠いしなかなか秩父まで行く時間も金もないんです。

だから、不謹慎かも知れませんがインターネットでお札の画像を検索して、筆ペンで黒い狼が向かい合った絵を真似して描いて、羆除け守りって文字も足して貼ってみたんです。

そしたらその晩、部屋で目を覚ますと、視界が全て白黒で何か変なんですよね。視点も低いし、変なのと思いながら窓に映った自分の姿を見たら、黒い大きな犬だったんです。これは夢だなと思い、その姿のまま外に飛び出して、牧場を駆けまわってみたんですが、楽しかったなあ。犬が走るの好きなのも納得ですよ。風みたいに駆けられるんですから。

でね、パッと朝目が覚めたらなんでかパジャマ脱ぎ散らかしてて、全裸だったんです。変な夢を見たなあって歯を磨いてたら、兄貴が昨日、馬が怯えていたから見にいったら黒い狼みたいな野犬が、あたりを走り回ってて怖かったって言い出して。

まるであれが夢じゃなかったみたいだ。偶然もあるんだな、なんて考えてて。でも偶然でしょうが、その年はヒグマが近所に出なくなったんです。だけど、翌年は出ましたね。

その後、珍しく北海道に上陸した台風の被害なんかもあったし、借金もかさむばかりだったんで牧場は閉じましたが、あの黒い狼だか野犬になった夢は今思い出しても爽快だったし、あの俺の自作のお札の影響だとしたら、凄いなと思って、時々ね、絵筆をとるようになったんです。でも、あれ以来不思議なことは何も起こらないんですけどね」

そう言ってTさんは白い歯を見せて照れ臭そうにまた笑った。

木彫りの熊

北海道の民芸品といえば、鮭を咥えた木彫りの熊を思い浮かべる人も多いだろう。

木彫りの熊は、尾張徳川家の十九代当主であった義親《よしちか》公が、大正十年にスイスでペザントアート（木製の手作り民芸品）を見かけたときに、これを八雲町に持ち込めば収入の見込みの少ない農閑期の冬でも、現金収益を得られるのではないかと思いたち、幾つか持ち帰ったことが始まりだそうだ。

八雲町にある、八雲町木彫り熊資料館では木彫りの熊の成り立ちや様々な年代の作家が彫った木彫りの熊を見ることができる。


東京都内に住んでいる、川口さんは北海道旅行に来るたびに、一つ木彫りの熊を必ず購入して持ち帰ることにしていた。

家に帰って玄関を開けると、靴箱の上にズラリと並んだ大小の木彫りの熊が「おかえり」と言ってくれているようで嬉しいし、大好きな北海道を身近に感じることができるからだという。

そんなある日のこと、玄関の扉に顔を向けておいてある筈の熊が、家に戻ると全部、後ろを向いていた。川口さんは独り暮らしで、部屋の合い鍵を持っている人もいない。泥棒が入って、木彫りの熊を動かしたんだろうかと緊張しながら部屋に入ると、買った覚えの無い古ぼけた両耳の欠けた木彫りの熊がカーペットの上に置かれていた。

川口さんは警察に電話し、すぐさま今目にしている状況を話したが、物が無くなっているわけではないし、鍵が壊されていたり、部屋が荒らされた跡も無かったことから、川口さんの勘違いではないかということになってしまったらしい。

失せ物ならぬ、現れた物に気味悪さを感じながらも、川口さんは他の玄関の棚上のコレクションと同じように欠けた耳の木彫りの熊を置いておくことにした。

その後、耳欠けの木彫りの熊だけが向きが時々変わっていることがあり、その都度、元の位置に戻していた。やはり気味悪かったけれど、気のせいや勘違い、自分が無意識に向きを変えていると川口さんは思うことに決めた。

しかし、ある時に木彫りの熊の位置が変わっていると、決まってその方角にある同じマンションの部屋や、道で火事や、人死にがあるということに気が付いてしまったということだった。

「どうしてその方向であるって分かったんですか?」と聞いてみたところ、
「救急車が住んでいるマンションの前に止まると、何号室の人が運ばれてどうなったのかって気になって仕方がないから同じマンションに住んでいる人に聞いて回るんです。それに怪我も同じですね。火事は消防車の消防情報メール等で調べることができることもあるんです」

ということだった。

「事故や事件が好きなんですか?」

「木彫りの熊ほどじゃないですよ」

川口さんは微笑み、携帯電話を私に向けて画像フォルダ内にある、沢山の木彫りの熊のスナップを見せてくれた。

その中の一つ、突然現れた耳の欠けた熊は色は黒っぽく、鮭は咥えていないタイプで、首のあたりに小さな罅《ひび》が入っていた。

「この画像を見ただけで、霊感がある人は何か感じるらしいですよ。こんなに可愛い木彫りの熊なのにおかしいですよね」

川口さんはそう言い、恍惚《こうこつ》とした表情で画像を眺めはじめた。

成長する木彫りの熊——（江差町）

江差町に成長する木彫りの熊があるということを、函館に住む清水さんが教えてくれた。

夕張の萬念寺のお菊人形は、幼くして亡くなった少女菊子の霊が大切にしていた人形に宿り、髪の毛が伸びるという話で、あちらの人形も少し背が伸びたって噂がありますが、そういうちょっとやそっと言われてみれば育ったかな？　というレベルじゃない程、誰が見ても育った！　育ってる！　って分かるほど大きくなった木彫りの熊があるんです。

昭和のはじめ頃、小樽に住む一家の一人息子が高熱に浮かされ、何をやっても熱が下がらないので拝み屋さんを呼んだところ「熊の木彫りに水を捧げ、不津桑幸《ふっくこ》明王に祈りを捧げよ」という神託が下ったそうです。

その家には三十センチくらいの大きさの木彫りの熊があったので、それを神棚にあげて硝子のコップに水を注ぎ、息子の熱を下げて下さいと一心に親が願ったところ、急にぐらぐらとコップ内の水が沸き立ちました。

その様子に驚いている間に、どんなに手を尽くしても下がらなかった息子の熱があっという間に下がり、目の前で起こった奇蹟に一家は驚き、祈祷師に話を伝えたところ近くの神社に奉納した方が良いと告げられたので、木彫りの熊を江差の笹山稲荷神社に納めることに決めました。

その後、神社で大切に木箱に入れられていた木彫りの熊なのですが、最初は箱の中に余裕があったのにいつの間に箱に隙間がなく、いかにも窮屈そうな状態になっていました。それを見て、もう一回り大きい箱に入れたのですが、また成長したように大きくなり……三度目にはテレビが入る大きさの箱に入れることになりました。

昭和十五年くらいの話で、今もその熊は笹山稲荷神社に奉納されているらしいですよ。

後日清水さんは、その木彫りの熊の記事と写真が載った「Ｐｅｅｐｓ」というフリーペーパーを送ってくれた。そして、その木彫りの熊が収められている神社と山には多くの不思議な話が伝わっていると同封されていた手紙にあったので、フィールドワークに訪れてみたいと思っている。

融雪槽の中で――(旭川市)

「新しく引っ越してきた家は、雪を投げる融雪槽がついていて、雪かきの苦労が随分減ったのが嬉しかったです」

目の前で話す旭川在住のWさんは、目の前に置かれた札幌ビールのジョッキを傾けると、こう続けた。

「前に住んでいた場所は雪捨て場まで、雪を運ばないといけなくってそれが大変だったんです。融雪槽っていうのは、地中に掘られた穴で、普段はマンホールみたいに蓋で閉ざされているんです。

雪を捨てる時はその蓋を開けて、使うんです。穴の中には水が流れていて雪が溶けるようになっていて、冬場でも地下水が凍結しないようになっています。

ある朝、雪を捨てるために融雪槽をのぞき込むと、大きい顔が浮いていて目があってしまって、驚いて尻もちをついたあと、けたたましい轟音を聞いたんです。何かが砕けるようなバキバキって音で、でも周りを見ても何か倒れたり壊れたりはしてないから、おかしいなって思って。

大きな顔はマンホール大で、子供、それも女の子に見えました。ピンク色のスキーウェアっぽいフードを被っていたので。それ以来蓋を開けるのが怖くなってしまって、同居している家族になるべくやって貰うようにしています。

親は除雪作業をさぼりたいから、変なもの見たって嘘ついてるんじゃないだろうね、って最初は疑っていたようなのですが、どうやら父も見てしまったようで、途中から何も言わなくなりました。それにね、今住んでいる家の以前の持ち主……亡くなったのは病院らしいんですが、子供が一度融雪槽に落ちた事故があったらしいんですよ。

それも女の子だったって。あの時見た顔、もしかしたらその子だったのかな」

ビールから酎ハイに切り替えて、グラス入った氷を回しながらWさんは「恐かったからよく見なかったけれど、前髪が切りそろえられた子で多分幼稚園児くらいだったかな」と言い、車の行き交う窓の外に視線を向けた。

高砂駅の地蔵尊――(江別市)

函館本線の高砂《たかさご》駅の南東側、駐輪場と小さな花壇の間に、大きな石の台座に乗った地蔵尊がある。てっぺんに乗っている地蔵尊はさほど古いものには見えないが、台座は風化していて歴史を感じられる。

台座には「鉄道轢死者」と刻まれていて、裏側には「野幌兵村 野幌市街 有志一同 遺族一同 昭和三年九月二十三日建立 天徳寺 達誉代」とある。

地蔵尊は、駅の方を向いており、列車にこの場所で飛び込む人が多く、遺族の方が慰霊のために地蔵尊を建立したらしい。一日の乗車客が二～三千人の、各駅停車しか止まらない駅なのだが今も自殺者の数は利用者と比較して多いそうだ。

昭和三年の頃は駅ではなく、おそらく停車場だったはずなのに、それでも事故が多かったというのが不思議だ。今も鉄道との接触事故等が多く、自殺防止のために二〇〇一年に駅を改築したほどだという。駅の線路の近くを見ると色褪せた花束が二つ添えられていた。

この駅に来たのは理由がある。

それはこんな話を、北広島在住の長谷川さんから聞いたからだ。

「JRの高砂駅、北海道在住って言っても道内の駅を網羅しているわけじゃないし、存在すら知らなかったんです。なのに、いつの間にかその駅のホームに立っていたんです。乗り換えの記憶とかゼロで、電車が通り過ぎる風ではっと気が付いたら高砂駅にいて、当時受験も控えてたし二浪目だったから、メンタル的にやられてしまっていて夢遊病みたいな状態だったんだろうなって思って家に戻りました。

でも、幾つか不思議なことが他にもあって、非通知の着信が携帯電話に幾つも残っていたことと、通話が一つだけした形跡があってそれが三十秒ほどなんですよ。

勿論それも記憶はないです。それに、僕ね、誰かに呼ばれていたような気がするんです。多分女性で、親し気にずっと話しかけて来てくれていたような、いや違うな。なんだろう。寂しい女性がいて、会いたくてずっと呼ばれている気がしてそこに行ったような感覚だけが、後になって残っているのに気が付きました。変ですよね、これ」

何の変哲もない駅なのに、自殺者が絶えないというのは理由があるのだろうか。

地蔵尊に手を合わせながら、そんなことを考えてしまった。

彷徨えるロシア人

複数の地域で同じ内容の怪談を聞いた。

もしかしたら都市伝説の類かも知れないけれど、記しておこうと思う。


嵐の翌日、海岸に男が一人横たわっていた。

裸同然の恰好で、日に焼けた肌をしていてどうやら異国の人のようだった。

おそらく船が難破して、海に投げ出され、ここに流れ着いたのだろうということになり、貧しく日々の食料に困り、爪に火を灯すような暮らしをしていた人々だったが、粥《かゆ》を与え介抱をした。

日が経つについて、徐々に漂流者と思わしき異国の男は顔色も戻り、元気になっていった。

本来なら、漂流者の報告を誰かにすべきだったのだろうけれど、倒れていた人を哀れに思った気持ちが先ばしって思いつかなかったのか、皆が匿うように面倒をみていた。

言葉は通じなかったが、風貌からしておそらくロシア人であろうということになった。

最初はかいがいしく面倒を皆がみて、その気持ちが通じてか村の手伝いなどもしていた漂流者だったが、言葉も通じず些細なすれ違いも多くなり、そもそも最初から余所者を長く養う余裕などもなかったことから、だんだん煩《わずら》わしいと思う人が増えてきた。

「どうか船でも作って帰ってくれませんか？　道具は貸しますから」

そう言っても、通じていないのか相手から反応はなかった。

「小舟を作ってやって与えてはどうだ？」「あの人が作るんだったらいいが、そんな面倒を増やす余裕はないし、そもそもそんな目立つことして罰せられやしないかね」「見るからにもうすっかり元気じゃないか、国に戻るのが難しくってもいいから自分の食い扶持くらいどうにかしろと言ってみたらどうだ」「他の土地に行けと勧めてみるか」

そんな風に集会のたびに意見が出たのだが、結論が出せず、だからといってほったらかしにもせず、衣食住の最低限の世話は交代でし続けた。


そんなある日のこと、若者数名と喧嘩になり、あっけなくロシア人と思わしき漂流者は亡くなってしまった。

喧嘩のきっかけは保存食をかってに食べてしまったからというのもあれば、女に手を出したのが原因だという話もあった。

それ以来、青白い顔にロシア人の幽霊が出て集落の中を歩きまわるようになった。数珠を握り念仏を唱えたり、近隣の拝み屋を呼んでみたりもしたが言葉が違うせいか効果はなく、ロシア人の幽霊があちこちを、彷徨い歩く様子を昼間でもはっきりと人が見ていたという。

家で飯を食っている時にすうっと入って来て、皆の顔をじっと見つめていたり、幽霊だからか所かまわず時間を問わず出て、皆が大変肝を冷やしたそうだ。

だが、ある日突然未練がなくなったからかそれとも別の理由があってか、見なくなったらしい。聞いた人の話の中には、昭和の四十年頃まで見かけたという。

山越の夜泣き石——（山越郡）

山越《やまこし》にある夜泣き石は、山越内関所が設置されていた時代に、罪人の首を切るために石の上に座らせたという伝説の残る石だ。石には古い血で筋のような痕が付着している箇所があり、他の黒ずんだ部分も血が染みて色が変わったと言われている。

ここで無実の刑で撲殺された人がおり、石が泣くという。

隣には処刑人が刀や手を洗ったという井戸の跡もあり、夜通りかかると黒い血のような水溜まりがあるという話も聞いた。

山越内関所は文久元年（一八六一）に廃止されたが、夜泣き石だけはやはり動かすと何かあったようで、そのままにされた。

この話をしてくれた黒田さんはかつて、面白半分で石の上に立って彼女と一緒にピースサインで写真を撮ったところ、帰りの車でラジオをつけたら最初はＪポップが流れていたのに、いきなり野太い男の声で「ゆるさない」と聞こえてきたので怖くなり、Ｕターンして石に跪《ひざまず》いて詫びに行ったということだった。

オオシラサマ――(池田町)

池田町に住む、藤井さんから聞いた話。

明治の半ば頃、北海道に開拓に来た人たちは生まれ故郷を離れて、それこそ命がけでたどり着いたわけだから、何か縋《すが》るものが必要だったのでしょうね。

各々の故郷に伝わる神様を持って来ている人が多くいたようです。重たい地蔵や仏壇を、抱えるようにして船に乗せて、函館で下船後は引きずりながら歩いて行ったなんて家族もいたそうです。

うちの近所にも、明治の頃の開拓時から大切にしている神さまを祀っているという家があって、四国から来たと聞いています。池田町は鳥取から渡って来たっていう人が多かったんですが、その方は愛媛からの移住者でした。

たしか「オオシラサマ」という神様を使って、占いをしていました。最初は二人、オオシラサマを祀っていた家があったのですが、いつの間にか一軒だけになって、お婆さんがたった一人で守っていました。

オシラサマとは違います。東北地方に伝わる木と布で出来た馬頭や人の形をしたオシラサマとは似ても似つかない姿で、白く塗られた杭に目鼻が描かれた貝殻がついていて、先に紐のついた鈴が二つほど付いていました。そのお婆さんはいつも持ち歩いていました。なので、その人が来ると鈴の音がするので分かりましたね。占いは、その貝殻の頭を撫でたりしてから、一つ二つ何かを言うのですが、どれもよく当たりました。

母も祖母も怖いほど当たったと言っていましたよ。私は何か直接占って貰ったことはないのですが道ですれ違った時に「一月後の二度目の月曜日、あんたは腹が痛くなるけど、そん時はすぐに医者に行くんだよ。そりゃアッペ（盲腸）だから。それと、玄関の脇を次の三の付く日はなるべく見るようになさい。あんたが欲しがってるものがそこに届くから」と言われて、その通り盲腸炎を患ってしまったのと、三の付く日に玄関脇に迷い犬がいて、うちの子になったってことがありました。

犬、飼いたいと思っていたけれど、駄目だって反対されると嫌だから親にずっと言い出せなかったから、飼い主を探しても見つからなかったからうちで引き取ろうと決まった時は本当にうれしかった。だから今も覚えているんですよ。

オオシラサマを持っていたお婆さんは、広場なんかで遊んでいる子を見るとこの神様を撫でてやってくださいって頼んで、言われた通りに撫ぜるとお菓子をくれました。

そうしないと、オオシラサマが拗《す》ねて悪いことが起きるというような話を仲が良かった祖母に語っていたそうです。わたしは一度もそういった頼まれごとをしたことはないんですけれどね。

ある雪の夜にお婆さんが家まで来て、祖母に、内地に行かなくてはなりませんので、もう会えませんということを伝えたそうです。もう遅い時間だったので祖母は「もう汽車もないのに、どうやってこれから内地まで」と言うと「オオシラサマに連れてって貰います」と言って、目の前でふっと掻き消えるようにいなくなってしまったそうです。

祖母は吃驚して家族みんなを呼んで、その時私もいたので玄関まで行ったんです。

そうしたら、その場に人一人分立っていたと思わしき雪の窪みだけがあって、周りには足跡も何もなかったんです。

母はお婆さんと祖母が話す声を聞いていたというし、祖母の動転する声を聞いて目の前で聞いたのは、勘違いでは無いだろうなと思ったそうなのですが、翌日そのお婆さんの住む家に行ってみると、空き家の張り紙があって、人が住んでいる気配はありませんでした。

そのうち何年かして、家も取り壊されてしまって、あの夜を最後にオオシラサマを持っていたお婆さんの姿は見ていません。

猫塚──(知内町)

「大野土佐日記」に記録が残る、北海道最古の神社とも言われている知内町《しりうちちょう》元町《もとまち》にある雷公神社には怪猫に纏わる伝説が伝わっている。

二十二代目神主、大野石見重敬《おおのいわみしげたか》は剣の達人だった。

明治期の函館戦争時には、松前藩の攻撃軍の奇兵隊に所属して多数の敵を切り結び、戦果をあげていた。

茂辺地矢不来《もへじやふらい》の大乱闘で、大野石見重敬は一人の若い恐ろしく腕の立つ男と一騎打ちとなり、お互い全身返り血を浴びて死闘という名に相応しい状況になったが、長い時間二人の剣士は戦い続け、大野がほんのわずかな差で勝つことができた。

その後、函館戦争を終え、大野も故郷に帰り神主の座に収まったのだが、ある夏の夜に寝床で何か妙な気配を感じて飛び起きた。

すると、そこには、かつて一騎打ちで戦い確かに打ち取った筈の男が刀を振り上げて今にも斬りかからんという姿でおり、大野は驚き蚊帳の外に転がり出ると床の間にあった刀を抜いて、相手の首筋に一刀を浴びせた。

するとギャアアと凄まじい叫び声をあげて、傷口を押さえながら男が逃げて行った。闇の中、提灯の明りで照らしながらてんてんと残る血の跡を追って行くと、土間に大きな年老いた猫が、首から腹にかけて深い刀傷を負って死んでいた。

大野は猫があの男の仇を討ちに来たのだと思い、庭に猫塚を築き横に椿の木を植えて丁寧に葬った。

その後、昭和三十五年国道改修の時、大野家の猫塚の下から古い猫の骨が出て来て、伝説の証拠ということになり、松前の怪猫塚として新しく移築された。

鍋島だけでなく、北海道の地にもこういった化け猫の話が残っていることを知らなかったので、この話を提供してくれたＨ大学の学生さんにお礼を伝えたところ、北海道は実は伝説の宝庫で日本のどこにも負けないくらい不思議な話がこれでもかってくらいありますからねと誇らしげに胸を張って応えてくれた。

山で見たもの

「この話の場所は絶対に伏せてください」

　そう断ってから、目の前に座るXさんが話はじめた。

「親戚の持ち物の山の話で、時々仲間でサバイバルゲームをそこで開催していたんです。もちろん許可は貰っていますし、普通の人がふらりと迷いこめるような場所じゃないですよ。

　装備も法律にそったエアガンしか使いませんし、弾も〇・三〇グラム未満の完全なバイオ弾のみ使用で、それも拾って持って帰ってます。

　ある日、山の中で笹薮を分けながら、仲間と歩いていたら、前を歩いていたメンバーが急に立ち止まったんです。まだ合流地点でもないし、どうしたんだろうって声かけしてみたけれど、反応がないんです。気分でも悪くなったのかと思って、駆け寄ったらそこで生首が浮いていたんです。

　黒い大きなヒグマの生首で、目は白くミルク色に濁ってました。なぜあれに、すぐに気がつけなかったのか不明で、他のメンバーも体が固まってしばらく動けなかったです。

割と周りで音楽鳴らして騒がしくして、人間がここにいるぞってアピールしているせいかヒグマは今までサバゲーやっていて、運よく出会ったことはなかったんですよ。

でも、生きているヒグマじゃなくって生首でしょ。どう対処していいか全く分からなくって頭ん中、真っ白でした。他のメンバーも後で話聞いたら、何も思いつかず何をすればいいか見当もつかなくて、フリーズ状態だったって言ってました。

首の下の体が、本来ならある部分には何も無かったです。

それから時間にして五分くらい経って、元自衛官のメンバーが後ろにゆっくりと下がりましょうって提案をしたんです。このまま目を見て、後ずさりしながら、絶対にパニックになってもいけないし、走ってもいけませんって、生きている熊と対峙した時と同じ対応方法を思い出してくれたのか、僕らにアドバイスしてくれたんです。

それから、じりじりと後ずさりして、それも三十分くらいですかね、もうずっと熊の生首が見えなくなってからもゆっくりゆっくり真正面を見据えたまま全員で、後ずさりし続けたんです。

その途中、急に強烈な死臭が鼻をついて、ふっと緊張感が途切れたというか気持ちのタガが外れて、まず僕が一番に叫び声をあげちゃったんです。

で、うわあああああ！　って叫びながら手足をバタバタさせるように無茶苦茶走ってしまって、気が付いたら周りに誰もいなくって藪の中に取り残されていたんです。

あれ、ここどこって思って、耳を澄ませても音楽も何も聞こえないし、特定小電力無線機もレンタル品で持ってたんですが、誰ともつながらなかったです。

山だと、無線ってかなり近くにいないとつながらないんです。

それで弱ったな、なんて思いながら方位磁石をポケットから取り出して歩いていたら、また死臭がしたんです。もう頭の中は、ヒグマで殺された人間の死体の姿が浮かんで一杯になっちゃってて、またパニクり始めちゃったんです。

で、足元を見たら死臭の原因の上に実は立ってたんです。と、いうのも顔が齧《かじ》られたヒグマの死体がそこにあって、僕はその上でぎゃーぎゃー言ってたんです。

踏んだままだと駄目だ、下りなきゃと頭で思っていてもパニクっているからか、体がその場から動けないし、足も全く言うことを聞いてくれないんです。

それで顔の欠損した状態のヒグマの死体の上でガタガタ震えていたら、メンバーが来てくれて僕の状態を見て落ち着けって声かけて、水を飲ませてくれたんです。

そして元自衛官のメンバーが『さっきの浮かんでいたヒグマの首、こいつだったのかもな。共食いの痕がある。かなり珍しいけれど、ヒグマは繁殖期に共食いをすることがある。

どちらにせよ、興奮した状態のヒグマがこの近くにいると思うから早くここを離れよう。糞とか気を付けて見ているし、ヒグマの状況には目を配っていたのだけれど気がつけなかった』と言って、僕を担いでその場から離れてくれました。

山から下りてみんなで、あのヒグマは顔を齧られて悔しいから化けて出たのかもなって話をしたんです。幽霊って人間だけがなるものじゃないって、あの時見て初めて知りました。

あのヒグマ、僕は分からなかったんですがメンバーの話によるとまだ子供だったそうなんです。繁殖期になると、母熊の後を慕って、周りにいるオスの子熊を食害する大人の雄熊がいるそうなんですよ。お母さん、恋しいって思って幽霊になっていたとしたら侘しいですよね」

黄金沢の伝説――(厚真町)

昨年まで市役所に勤務していたという大竹武治さんから聞いた話。

黄金沢にある滝つぼには、砂金が多く沈殿しているという噂があり、多くの人が金を求めて行きました。

しかし行方知れずになる者が多く、ガイドを伴って行っても道に迷ってしまったり、滝の音はすれど、幾ら歩いてもたどり着けないということが何度もありました。

それでも、関西の資産家が大勢の人を伴い、何度も調べあげて土地を把握し、地図を作り、上流の水をせき止め、滝つぼの水をポンピングして抜くところまでやってのけたんです。

しかし、あともう少しでというところで、天を突き破ったような大雨が降りだして、滝つぼの水はあっという間に溢れんばかりになってしまいました。

その後も、冬場に雪崩が起こったり、川が溢れて地形が変わったりと、苦労の連続で何十回も挑戦を続けた結果、その関西の資産家は破産してしまったそうで。

あと少しで成功しそうだという時に、必ず麻袴をつけた侍姿の幽霊が滝の近くに現れ、笑って消えるといわれています。

この伝説を聞いた若者が、なら潜って砂金を採ってやろうと挑戦したが視界が悪く、水中にところどころ渦を巻く場所があって成功しませんでした。


この話をしてくれた、大竹さんによると子供の頃「金の沢行きませんか、黄金沢へ行きませんか」と誘う老人がいて、ガイドをしていたということだった。

でも、老人がどこに住んでいるのかはさっぱり分からず、面白半分にガイドを頼んだ人が一緒に沢に行ったところ、途中で忽然といなくなってしまって、帰りに困ったことがあった。

他にも、ガイド中に、山の中なのに鐘の音がして不気味だったので「あれは何の音ですか?」とガイドの老人に聞いたところ「黄金は黄金を呼ぶというでしょう。あれは沢の金で作られた金の鐘が鳴っているんです」と言って山の中で高い声で笑い始めて気味が悪かったという話もあったらしい。

今も小川の砂を根気よく探すと、小さな金の粒が見つかることがあるそうだ。

長い人――(日本海オロロンライン)

滋賀県に住む、青山龍一さんは社会人になる前にどうしてもやりたい夢があった。それは北海道の石狩市から天塩郡天塩町までの国道二三一号、国道二三二号をバイクで日本海を眺望しながら走ること。

なので、四回生になるやいなや、バイトに明け暮れツーリング費用を貯めはじめた。就職先は決まっていて、インターネットで企業名を入れるとブラックだという情報が沢山出て来たが、それは見て見ないフリをしていた。

信号の少ない真っすぐな道を走る。広大な北海道の大地を感じる爽快感を味わいたい。来る日も来る日も、青山さんはそんなことばかりを考えていた。

そして資金も貯まり、ツーリングに必要な用具も揃えられたので、青山さんは期待の地北海道に向けて愛するバイクと共にフェリーに乗り込んだ。

そしてフェリー内でオロロンルートの地図などを見てワクワクしていると、同い年くらいの男性と目が合った。

初めての旅だし、情報交換できるといいかもと思って青山さんはその男性に話しかけてみた。

「あの～僕、この先、北海道をバイクで行く予定なんですが、あなたはどんな旅程なんですか？」

すると、男性は顔を伏せどこかに行ってしまった。

話しかけられるのが嫌な人だったのだろうかと青山さんは思い、地図を見てマーカーを引きながらこれからの旅のことを考えた。


フェリーから下りバイクを早速走らせると、今まで溜まっていたものが体から通り過ぎていく風と一緒に後ろに抜けていくようで気持ちが良かった。

本当に来て良かったと思いながらバイクを走らせているとピースサインをするバイクとすれ違った。確か北海道は、バイク同士がすれ違うとこういう挨拶をするんだっけと思い、青山さんも笑顔でピースサインを返した。

しばらくすると、対向車線でノーヘルメットのバイクが近づいて来た。

顔を見ると運転していたのはフェリーにいて、青山さんが話しかけた男だった。

どこかに行った帰りなのかな、そう思ってしばらく走り続けると、また対向車線で同じ男とすれ違った。他人の空似と思いたかったが、バイクの車種やステッカーや傷や年代も同じ、髪型やライダージャケットまで同じなのは気味が悪かった。

そんなことがあってから、数時間バイクを走らせていくと人の住んでいない原野に差し掛かった。すっかり辺りは夜で、空には星が輝いていた。北海道に来て良かったとバイクのアクセルを踏みながら、思っているとサイドミラーにバイクが映った。

それほど急いでいる旅ってわけでもないし、追い越したがっているなら、先に行かせてあげようと速度を落とすと、ミラーに映っているバイクに乗っていた人物の顔と体がぬうっと熱した飴を引っ張ったように伸びた。

目の錯覚かと思い振り返ると、フェリーで出会ったあの男性のバイクで、その上に跨った男の胴体と顔がぐうっと細長く伸び続けている。

これはなんだ???　と、頭の中をはてなマークで一杯にしながら青山さんは、振り切ろうとスピードを上げた。すると、そのバイクはいなくなり、ほっとすると、また現れた。

そういったことをしばらくの間何度も繰り返し、交通量が多い道路に差し掛かると、完全に消えた。

なんだったんだと思い、気味が悪くなったのでバイク旅はそこで切り上げることに決めた。

そして、滋賀に帰ってメールボックスを見ると、就職予定だった会社が倒産して内定取り消しになったことを知った。それから、青山さんは再度就職活動を行い、なんとか近所にある小さな工務店の事務員に収まることができた。

なかなか良い職場で、今も青山さんはそこで働いている。

バイクが趣味の職場仲間もいて、北海道のツーリングでの奇妙な体験のことを話すと、社長が「俺もそいつに追いかけられたことがある、フェリーで無視してきた男だろ」とフェリー内でのことを説明する前に言われて、ビックリしたそうだ。

網走空襲少年兵――（網走市）

昭和二十年七月、学校近くで兵役訓練を受けていた少年兵ら六名が米軍機のロケット弾によって命を落とした。そのせいか網走小学校では空襲の日が近づくと、若い男の声が、誰も周りにいない時に、聞こえてくることがあったそうだ。

過去に近隣の住人が空襲の碑にジュースを供えると、目の前であっという間に空になったことや、急に無数の蝶がどこからか羽ばたいてやってきてジュースやお菓子に集ったこともあったそうだ。

数年前、かなり道に迷ってしまい、人に聞きながら慰霊碑場所を探して訪れてみると、碑の隣には防空壕（タコツボ跡）と刻まれた石柱が立っていた。

周りには花が植えられていて、さっきまで誰かいたのか火の点いた線香から白い煙が細く風に靡《なび》いていた。

私が碑の前にしゃがみ、手を合わせるとどこからかキアゲハがやって来て、しばし石の周りを飛び回っていた。昔から、蝶は魂の化身とも呼ばれているから網走空襲の碑に纏わる者の魂の化蝶だったかもしれない。
そんなことを帰りの車の中で思いながら、この取材のメモを書いた。

砂金採り――（新十津川町）

出版関係の仕事を札幌市内でしているという田島修さんから聞いた話。

新十津川《しんとつかわ》は明治時代、砂金の採取夫が日本のあちこちから集まる土地でした。砂金採りの中でも、八高という名の男がいて、辺りでは有名でした。彼は見つけて集めた砂金は、いつも首から下げた袋に入れていたそうです。「どれくらい見つけたよ」「どれくらい首の袋は重くなったべや」毎度聞かれるたびに「それほどでもねえ」と言っていたそうなのですが、八高は砂金取りの名人という噂がありました。八高と同じ場所で砂金を採っても、目が違うというか、同じように砂を掬《すく》っても何をしても違い、金を見つけ出してしまうからです。

ある日、八高を含む十人で砂金を掘っていると、熊が現れました。

皆は熊を見て、ある者は川から上がり地面に伏せて息を殺し、ある者はその場で硬直して動けなくなり、その他の者は這いながら逃げたのですが、八高は自分は襲われる心配がないと思ったのか、砂金をその場で採り続けていました。そして、あっという間に首に噛みつかれて体ごと引きずられて、熊に連れてかれてしまった。

以来、沢に行くと首に負った傷からぼろぼろと金の粒をこぼしながら、うらめしそうに木の下に佇む八高の亡霊が現れるようになってしまいました。

幽霊の八高の姿を気味悪がって、沢に寄る人も減ってしまいましたが、ある日、通りすがりの砂金採りが近くに寄って、幽霊の八高に「枝幸《えさし》のほうがいい金が取れる」と耳打ちするとそれ以来出なくなったそうです。

道内には埋蔵金の伝説も多々あり、砂金採りに纏わる不思議な話も多く聞きました。八高が枝幸まで幽霊の姿のままで出向いたかどうかは分かりませんが、あちらの土地でも砂金採りに纏わる心霊譚があるそうですよ。

地獄谷――（登別市）

ある日、夫と二人で札幌から登別《のぼりべつ》温泉に旅行に行こうということになった。

札幌から登別までは電車で一時間半程だ。

車窓の景色を見ながら駅弁を食べて、ちょっとぼんやりし始めた頃に目的の駅に着いた。

急にぴゅーぴゅーと強い風が吹き始めたせいもあって、体が指先からどんどん冷えていくのが分かったので、近くを通りかかったタクシーを拾って、手を蠅のように擦り合わせて温めながら、観光地巡りをお願いした。

タクシーの運転手は「じゃあ地獄谷にでも行きますか？　登別っていったらあそこは絶対に外せないですから」と言われたので、私たちはそこに向かうことにした。

タクシーの運転手はよく喋るタイプの人だった。

「登別はお湯の種類が豊富で十三種類ほど湧いていて、これだけの違った湯があるのは日本全国的に見ても珍しいらしいから。熱湯の噴き出す間欠泉や、鉄泉池とか大きな熱湯の池がぼこぼこぐらぐら煮え立っていて、子供の頃は本当に本物の地獄みたいだなって随分おっかなかったね。いまは昔と比べると湯量が減ったのか穏やかだから。昔の登別の地獄の方がずっと迫力あったよ。

昔は柵なんか無くって傍まで行ってみることができて、観光客の目の前でざぶんと地獄に飛び込んで自殺した人もいたから。

地獄谷で自殺するとね、物凄い高熱で煮込まれてしまうからか、理由はよく分かんないんだけど、髪の毛以外は上がってこず、骨とか全く見つからないんですよ。

俺が聞いた話でね、自殺を図ったけどやっぱり怖くって飛び込めなかった人がいてさ、でも熱蒸気で大やけどを負って、結局搬送先で亡くなってしまった人がいたの。

だからか夜に地獄谷に行くとね、時々焼けただれて真っ赤になった皮膚を押さえながら、痛いと泣く女性の霊が出るみたい。

俺の妹もね、霊感があるもんだからか、あそこは行けないって言ってるの。俺はなあんにも感じないんですけどね。兄ちゃん、あそこにお化けがいるから行けないなんて泣くわけですよ。

妹はね、霊媒気質なとこもあって、心霊スポットとか行くとたまに大変なことになっちゃうことがあってね。

実際、肌は強い方で日焼け止めなんかしなくっても、日差し強い時に山や海岸に行っても平気なのに、昔家族で地獄谷に行った時、そんときに取り憑かれただか、持って帰ってしまった幽霊のせいで、急に妹の肌が真っ赤に腫れあがったことがあってね。家族で腫れた皮膚を氷で冷やしても痛い、痛いっていうもんだし、あまりにも辛そうだったから病院行こうって腕を母親が掴んだら、妹の髪の毛が急に静電気をあてたみたいにぶわあって逆立ってね。

これはとんでもねえなって思って、救急車呼んでも対応できるもんか、そもそも俺や親の頭が狂ったとか電話口で言われるだろうなとか困ってたら急に、妹の体ががくんって力が抜けてその場に倒れたの。母親と何が起こってるんだと妹を見ていたら、頭のてっぺん近くから髪の毛が一束だけ、つうって蛇みたいにうねって抜けてね。

もうちょっと抜ける量が多かったら百円玉の大きさのてっぺん禿《はげ》になるとこだったって、妹は嘆いてて、だから地獄谷なんか行くもんかってなって行かないわけ。

地獄に飛び込むと髪の毛だけ残るっていうから、髪の毛を持って行こうとしたとか何らかの影響があったのかもね、ははっ」

運転手さんは一通り語り終えると、地獄谷で私たちを下ろしてくれた。

「メーター止めといてあげるんで、帰りも俺のタクシー乗ってよ」

夫は私に「どうする?」と聞いてきた。私は何か話が聞けるかも知れないということで、帰りも同じタクシーを利用したいと伝えた。

しかし、地獄谷観光を終えて駐車場に戻って来たけれど件《くだん》のタクシーは停まっていなかった。どうやら他の客を乗せて帰ってしまったらしく私たちは仕方なく別のタクシーで移動することになってしまった。

帰りも何か話が聞けると思っていただけに残念だった。

明治庶路炭鉱跡――（白糠町）

明治庶路《しょろ》炭鉱は、白糠町《しらぬかちょう》にかつて存在した釧路炭田の炭鉱で、一九三八～九年に明治鉱業によって開鉱した。明治鉱業は当時、麻生・貝島と並ぶ「筑豊御三家」の一つで、黒ダイヤと当時呼ばれた石炭の需要の増加を見越して、釧路炭田の開発に踏み切ったそうだ。最大の出炭は年間三十五・二万トンという規模の炭鉱だったが、一九六〇年にガス爆発が起き十八人が犠牲となり、その事故から四年後の一九六四年に閉山となってしまった。かつて日本の経済発展を支えた炭鉱の賑わいも、今は見る影もなくなってしまっている。

肝試しに鉱山跡へ訪れると、ざっざっざと砂を掘る音がつけてくる。ショベルを持った、血塗れの男が顔を掻きむしっている姿を見た、沢山の野太い声で、来ないでくれ、来ないでくれという大合唱が聞こえて来た等の話がこの鉱山跡に纏わる体験として私の元に寄せられている。

熊の目撃例の多い場所だからか、「すべて自己責任」という看板が立っている。面白半分に近寄ってよい場所ではないのだろう。

写真――（利尻島）

札幌市内で美術の予備校の校長先生をしているJさんからこんな話を聞いた。

Jさんは夫の幼稚園時代からの幼馴染みだ。


私が高校に美術講師として勤めていた時に、同僚の美術のS先生から聞いた話です。

S先生は今から二十年ほど前に道立高校の美術教員として採用されました。

道立高校の教員は、採用された初期の若い時分、道内の比較的僻地に派遣されることが多く、S先生は当時まだ独身で土地に特にこだわりもないので、利尻島への赴任を引き受けることにしました。

利尻島での教員の給料は僻地手当や、冬になると暖房費などの手当が付きます。

S先生はアトリエにする部屋を確保するため、まずは古い一軒家を借りました。

島での暮らしは平穏で特に問題はなく、潮風で愛車が傷む以外はお金の使い道がなく貯金もできるので満足していたそうです。

ただ、アトリエで夜に制作していると、何故だか誰かに見られているような、何かいるような気配がたまにすることがあったそうです。

ある日、自宅で普段制作している先生の作品を見たいと、教え子の生徒たちが遊びに来ることがありました。

その時、ちょうどS先生は家で料理をしている最中でした。調理の手を止めて、生徒を家に招き入れて作品を見せた後に、作品を撮影するために持ってきていたカメラが目に留まったので、ちょうどいい機会だからと思って、生徒と共に記念撮影をしました。

後に現像して見てみたところ、S先生は写真の中にぷちぷちぷちっとした泡のような小さな光の玉が何個も写っていることに気が付きました。S先生は、それまで一人暮らしだったこともあり、家で写真を撮ることもなかったそうです。

写真の中の小さな光の集合体のぷちぷちが、はっきりと写っているのを眺めているうちに、S先生は得体の知れなさにぞわぞわして怖くなってしまったものの、古い家だけれど、事故物件とかではないし、作品制作場所には便が良いので住み続けることにしました。

またしばらくして、美術部の部員を連れて浜でスケッチをした後に、皆で記念写真を撮ると、現像した写真の中に、また小さな光の玉のぷちぷちが何個も写っていました。

そして、今度は光る玉のぷちぷちの中に、何か黒いものが写り込んでいました。ん？　と思って、よくみたら人の目に、とてもよく似た物が玉の中心部にあって、こちらを見つめていることに、気が付いてしまいました。

流石にS先生もこれにはゾッとして、同僚の先生などに相談することにしました。

そこで教えられたのが、先の大戦中に利尻島の近海で、魚雷などによって、撃沈された船の乗員の遺体が浜に流れ着き、一時的になのかその浜に遺体を埋めたことがあったという話でした。浜ではそういうことに敏感な人が来ると、具合が悪くなることがあるとも聞いたようです。

沈んだ船のことを有名な「三船殉難事件」だとS先生は思っていたようなのですが、後日調べてみたところ、船の沈没場所が利尻島から少し距離があるので、どうやら違う船のことのようでした。

S先生はその後も引っ越すこともなく、時折何かの気配を感じたり、気持ち悪いなと感じることもあったけれど、その古い家に住み続けて任期まで過ごしました。

でも、決して写真だけは撮影しなかったそうです。

十字の狐──(松前町)

徳川家康がキリシタン禁教令を出す前に、日本国内にキリシタン信者は三十五万人以上いたと言われている。

当時日本の総人口はおおよそ一一〇〇万人から一二〇〇万人ほどと推測されているのでだいたい三パーセントほどが信徒だったということになる。

迫害に怯える信徒の中には、遠く離れた蝦夷にいけば助かると思い北を目指す者がいた。彼らは逃亡キリシタンと呼ばれ、飢えや寒さや弾圧に怯えながら決死の覚悟で移動し続けた。途中、多くの仲間が地元住民の密告により捕まり、その場で処刑されることも多かった。

しかし、松前から蝦夷の奥へ進むと、未開の土地も多く、そもそも藩主公広《きんひろ》がキリシタン信者を危険視していなかったことや、幕府の役人の目も届かなかったことから教会を作り、堂々とミサを開くことさえできた。

だが、そんな信者にとって安寧な日々は長くは続かなかった。

寛永十四年（一六三七）の島原の乱の影響もあり、翌年には松前藩領のキリシタンの処罰の通達が幕府から下った。

逃亡キリシタンは、千軒金山や大沢金山で金を掘る仕事に従事している者が多かった。それは密航者であっても鉱夫を得たかった藩が見て見ぬふりをしていたことや、賃金の支払いが悪くなかったからと言われている。

幕府から命を受けた松前藩の討手は金山に向かい、信者を探し出した。

皆、覚悟していたのか主上の名や祈りの言葉を口にし、静かに座して首を討たれていった。

殉教者の数は百六名、当時の蝦夷地にいた和人の人口は約一万人だったそうなので、その内の一パーセントが殺されたことになる。

そして次の年、寛永十七年に、駒ヶ岳が大噴火し大津波が起こり、それだけでなく松前藩主の公広が突然倒れて急死。千軒金山の金も地震で地脈がズレたのか、幾ら誰が掘っても金の欠片さえ出て来なくなってしまった。

その頃、山に背中に十字を背負った銀狐が出ると噂されるようになった。

それだけでなく、背に十字模様のある銀狐を撃った者や、食ったり毛皮を剥いだ者が雪の中で裸で踊りながら死んだという話や、聞いたことの無い歌を唄い出してから煮えたぎる鍋に頭を自ら突っ込んで死んだという話まで出た。

しかもそれらの人物は皆、キリシタンの処刑に関わった討手だったという。

一連の出来事や、十字の銀狐の出没などもあってキリシタンの祟りではないかと噂になった。それは金山で懸命に働いていた信徒を処刑したという後ろめたさから出た噂だったのかも知れない。

その後、昭和の半ば頃から函館のキリスト教徒たちによって、金山番所でミサが行われるようになった。

今もそのミサは続いていて、当時の殉教者の鎮魂を祈っている。

象の夢――（札幌市）

札幌在住の田代繁子さんから聞いた話。


あれは忘れもしない、昭和三十二年（一九五七）の六月十五日のことです。

わたしの祖母が凄腕の占い師で、水脈や金脈探しの手助けをしたという話や、失せ物を見つけたなんて話をよく聞きました。

その占い方法が少し、変わっていて霊夢を使ったものなのです。

夢の中に小さな神様が出て来て、映画のように薄い銀幕やらを地面や空に張ってそこに未来に起こる出来事や、探している場所をぼんやりと映してくれるんです。

神さまの姿は毎度違っていて、祖母は白い観音様だったり、穴の開いた木の板のような恰好のことが多いと言っていました。

神さまが出て来るかどうかで、それが霊夢かどうかが分かったそうです。

小さい頃は予知夢をたくさん見てしまったし、霊夢かどうかも判別がつかなくって困惑することが多かったです。

七歳の頃に札幌の街中で、燃え盛るテントと象が暴れる夢を繰り返し見ることがありました。

恐ろしい夢でした。目が覚めると必ず震えて泣いていたほどです。あまりにも怖かったものですから、夢で見た内容は誰にも話すことができませんでした。

なのに、ある日のこと、両親がお出かけに行こうって言いまして、札幌祭りに連れてかれたんです。そこにあったのが夢の中で見たのと全く同じ、サーカス小屋でした。

親がチケットを持っていたらしく、テントの中に入って見るよって言っていたんですが、夢を思い出してしまって怖くて怖くて暴れて、叫んで力の限り行きたくないって騒いだんです。

親もそこまで嫌ならっていうことに、チケットがもったいないとか愚痴りながら外に出て、祭り見物をすることになりました。

そうしたら、ぼおおおっと勢いよくサーカス小屋から火の手が上がって、物凄い大騒ぎになったんです。そのうえ、夢で見たのと全く同じ、本当に寸分違わないような状況で燃え盛る小屋の中からパニックになった象が出て来て、あちこちの屋台やらを踏みつぶして進んでいました。

両親に手を引かれながら、振り返って見たあの光景は一生忘れられません。

あとになって知ったのですが、サーカスの火事は千人を超える観客がいて、その内の誰かの、煙草の火の不始末が原因だったとか。

ライオンや虎は檻の中にいて、そのまま焼け死んでしまったと、新聞に載っていました。象は近くの民家に突っ込んだところを、調教師に宥められて大人しく檻に戻ったそうです。でも、不思議なのがあれだけの火の手で、暴れ狂う象や大勢の人たちがいたのに、可哀そうで仕方ない動物たち以外は、一人の死者が出なかったことですね。

わたしは、凄い光景を見てしまったせいか、その晩から三日続けて高い熱を出し続けて、それ以来、霊夢や、予知夢を見る頻度はがくんと減りました。

今もたまに見るんですが、もう本当にぼんやりと霞みたいで虚ろに映ったものしか見えないの。

子供の頃が一番きっと鋭かったんでしょうね。

祖母は生涯現役で、お弟子さんも何人かいました。今も、もしかしたらどこかで夢占いをしているかも知れません。

北見のふしぎな子——(北見市)

「怪談らしい怖い話じゃなくってすみません」

そう言ってから、北見在住の須藤さんは話しはじめた。

古い古い話で、時代でいえば大正の頃でしょうか。その頃の北見は大いに薄荷《はっか》で賑わっていました。薄荷から採れるメントールの結晶は、胃腸薬や香料に他にも消炎、解熱に鎮痛作用があるといって大変重宝されていましたから。

しかも、当時は純粋なメントールの結晶は日本薄荷(和はっか)からしか高品質なものは採れなくて、海外にも沢山輸出されていました。確か世界のメントール結晶の殆どが北見産だった筈です。

痩せた土地や荒れた土地でも育ち、他の作物よりも買い付けも高くて、しかも軽くて運びやすいから、薄荷の栽培が大流行したんです。

そのうえ関東大震災で、薄荷の貯蔵庫が燃えて東京のメントール結晶の在庫が全滅。その影響で、北見の薄荷を求める人が増えて、値段も高騰し、薄荷成金と呼ばれる人が出てきました。そんな風に誕生した薄荷成金の大きなお屋敷の一つに私の祖父は生まれました。

数多い兄弟の末っ子でしたが、体が弱かったこともあり親からは猫かわいがりっこされていたそうです。

ちょっとでも転んで擦り傷でもこさえれば、大騒ぎするほど過保護に育てられたそうですよ。

だから、外遊びなんかも殆どせず家に籠っていました。

でも色んな本やら玩具やらを好きなだけ買ってもらっていたとかで、そんなに不自由に感じたことはなかったと言っていました。

それに、屋敷で遊んでいると、どんな季節でも同じ紺色の絣の着物の男の子が来て、特に一緒に何をするわけでもなかったけれど、その子がいるだけで愉快な気持ちになったので、別に他の友達と遊ばなくってもいいと思っていたそうです。

不思議な子でね、何も言わなくっても側にいるだけで、ぼんやりとお互いの思っていることが分かるような、通じ合うような安心感があったそうです。

家族や使用人に、あの子は？　なんて聞いたこともあったそうですが、イマジナリーフレンドのようなものと当時思われていたのか、そうですかいいお友達がいるんですねえ、と適当にあしらわれてしまったそうです。

でもそんな暮らしは長く続きませんでした。合成薄荷が作れるようになり、外国の安い合成メントール結晶が沢山入ってきたこともあって北見の薄荷は大幅に値崩れを起こしてしまったからです。

だんだん、屋敷の使用人も減り、色んなことが慌ただしくなってきました。そうするとわがまま放題で暮らし続けることができないことも、なんとなく分かって来て、祖父はそんな時こそあの紺色の絣の着物の子がいて欲しいと願ったらしいんですが、来てくれませんでした。

かつては夜中だろうが朝だろうが、なんとなくあの子に会いたいなと思うだけで、いつの間にか側にいたそうなのに。

あれは後になって、座敷童のような妖怪だったのではないかなと祖父は思ったそうです。

薄荷のバブルがはじけてから、風船の空気が抜けてしぼむように急速に北見は寂れていき、人も出て行き風景も変わり、そうこうするうちに、時代の流れもあり薄荷成金がいたなんて話も忘れられるようになりました。

祖父はでも、小さい頃に短い期間に味わった殿様のような暮らしが忘れられない、あの子が側にいた時に、泣いて縋るなりお願いするなりして、引き留めておけばよかったと言って、この少しふしぎな話を何度もしてくれたんです。

北見の薄荷は虫よけにもなるし、夏はすうっと汗を抑えてくれるのでいいですよ。

この話をしてくれた須藤さんから後日、北見の薄荷油が届いた。

私はハンカチに油を一滴落として時々香りを楽しむために、持ち歩いている。

眠くなった時にすうっと鼻にあてると目が冴えるし、汗を抑える時もひんやりして心地がよくて、須藤さんには本当に良いものをいただいたと思っている。

札幌市内の口裂け女――（札幌市）

都市伝説は色んなバリエーションが存在する。

札幌市内にあるM小学校に通っていたという池田さんから聞いた口裂け女に纏わる話。

一九七〇年代の後半頃ですね。マスクをした目元の涼しい美女が、何故か真夏でも赤いロングコートを着ていて、わたし綺麗？　と登下校中の子供に訊くんです。そして、マスクを取ると口が耳の近くまで裂けている。その口裂け女の噂で持ちきりだったことがあるんです。

でも、僕の通っていた小学校に伝わっていた口裂け女の話は、全国的に流布していた噂と少し違っていて、子供を刃物で切り付ける不審者って感じでした。

登下校中の子供の後をつけてきて、インターフォンを押してマスクの下は何色？　と聞いて来て、何と答えても家に上がり込まれて口をカッターで切り付けて来るみたいな話でした。

学校の先生が朝礼で、そういう噂があるので不審者に気を付けて下さいって言ってましたし、当時北海道でも新聞に記事が載ったのも見たように思います。

釧路や小樽でも、実在の不審者として扱われ集団下校が行われていたようですね。

そういう噂が爆発的に流行って、子供たちが怯えていた頃に同じ学校に通う、隣の家の子が実際に口裂け女にあったって話をしていたことがありました。

それがかなり怖い体験談なんですよ。

当時その子は鍵っ子だったんで、家で留守番していたらピンポーンってインターフォンが鳴って、回覧板ですって言われたので玄関を開けてしまったんです。

そしたら、赤いコートを着た長身の女が立っていて、その子の目線の高さまで屈んで、顔を覗き込むと「わたしの口紅分けてあげる」って言って、女が自分の唇の端をハサミで摘まむように切り取って、その血まみれの肉片をぬるぬると顔に塗りつけて来たらしいんですよ。

警察も来たと聞いたし、隣にパトカーが停まっているのも見たし、親からも似た話を聞いたので本当に体験した話だと思いますよ。

嘘や噂だって可能性もそりゃ、無いとは言い切れませんけどね。そういった体験者が身近に出たことで、もう本当に口裂け女が恐ろしくて、学校の登下校中は、口裂け女除けになるっていう噂のおまじない「ポマード」やらをずっと呟き続けていたこともありました。だけど、そんな噂の口裂け女ですが、一九八〇年代に差し掛かる頃には耳切り男や、硫酸の瓶を持つ火傷男とか、人面犬とか、色んな怪人の噂が他に出て来たせいか、急に聞かなくなりましたね。

子供の頃に聞いた話ってインパクト大きいせいか、大人になった今も街中でマスクしていて赤いコートの女性を見ると、もしかしたらと思ってドキッとしますね。

いや、本当にそれが口裂け女だって思っているわけじゃないんですけれど。

池田さんはそう言った後に、現在市内の小学校に通っているお子さんから聞いた話を教えてくれた。

それは「血みどろのマスク」と呼ばれる怪人で、赤茶色のマスクをしていて、目があうと「この色似合う?」と聞いてくるらしい。そして、どう答えてもこのマスクを染めるのを手伝ってと言われて、血を搾り取られてしまうという内容の都市伝説だそうだ。

つまり、怪人のマスクは子供の血液でそめられていたというオチで、口裂け女から発生したタイプの話かも知れない。

赤い人に纏わる話――（十勝地方）

「親戚の集まりで聞いた古い話ですが、こういうのも怪談と言っていいのかなと思って」

上士幌町《かみしほろちょう》に住む、鈴木さんはそう言ってから記憶を探るように、ゆっくりと話はじめた。

十勝って、十勝監獄の受刑者が開拓にかなり関わっているんです。

収監されていたのは、一般の受刑者より西南戦争や秩父事件、萩の乱などの自由民権運動の参加者が多かったらしいです。

ろくな食事も与えられていないから、水腫病っていう病気にすぐかかってしまって。この病は、手足がぶよぶよに水でふやけたみたいに膨れて、死亡する病気だったらしいんです。多分、脚気か何かだと思うんですが、伝染病じゃないかって当時は疑っていた人がいたみたいで、かかったのが判明した時点で生き埋めにされることさえあったそうです。

受刑者はみんな遠くからでも目立つように赤い服を着せられていて、その服も蚤やダニが沢山ひっついてて、一着しかないからろくに洗濯もできずに垢じみている酷いものだったとか。

だから、十勝のあちこちにそういった人たちの無念が沁みついているぞっていうような話が残っています。悲惨な記録過ぎて、言うと気持ちがとても沈むので、今日はその話はしません。

僕の祖母が子供だった頃、学校からの帰宅途中、一人で開けた野っ原を歩いていたら米軍機グラマンがかなり低い位置を飛んでいて、怖くって体が強張って動けなかったところを大きな赤い襤褸を纏った人が隠すように覆いかぶさってくれたことがあったそうです。しばらくしてエンジン音が遠ざかって行ったので、顔を上げたら誰も周りにはいなくって独りぼっちだったとか。

今の今まで誰かが覆いかぶさっていたのに、もしかしたらあれはかつての受刑者の亡霊が彷徨いでて守ってくれたのかなって感じたのさって、散歩の帰りなんかに思い出すように話してくれることがありました。赤い服を着せられた受刑者たちは、家族とも離れ離れのまま亡くなった人が大勢いたから、寂しかったんだろうねってその辺りで摘んだ花を道端に供えたりもしていましたね。

祖母からは他にも、赤い襤褸を着た影みたいな人が地面を指さしてふっと消えたんで、玉ねぎをその場所に植えたらよく育ったなんて話も聞きました、どこまでが本当かは分からないですけどね。

階段で見たもの——（帯広市）

「帯広の小学校に通っていた時のことです」

指にはめた翡翠の指輪を弄りながら、高倉さんが話し始めた。

部屋は暖かく、外は雪が狂ったように吹き荒れている。


「下校中に筆箱を忘れたことに気が付いて教室に戻りましてね、そしたら、教室から出たところの階段で、朱色の衣を着た人が座っていて、とても気分が悪そうにしていたの。だから、大丈夫ですかって声をかけたんです。

顔をあげると、まるで皮膚が腐った青菜みたいな色で。あのっ、その人の顔ったら、しわしわで、目に黒の部分がなかったんです。

全部白目で、そうまるでゾンビみたいでしたね。

ぎゃあって声をあげて、そのまま職員室に駆け込んだんです。

そしたら、不審者かもっていうことっていうことで学内で騒ぎになりました。

でも、階段の下は職員室でしたし、二階建ての建物で、廊下にも人はいたけれど誰もそんな人を見ていなかったんです。

だからか、先生が朝礼で、もしかしたらそれは、昔の囚人のお化けだったのかも知れません、赤い着物をきた受刑者の人たちが一生懸命この学校の校舎を作ってくれたからここで皆さんが学べるんですよって話をして、学校の先生がお化けの話をするんだってその時はかなり驚きました。

迷信っぽいことを真面目な先生が生徒に向かって話すなんて、当時の私は信じられなかったんです。

それから、そういう朱色の衣の人を私以外の生徒や先生も見てしまったという話をぽつぽつと幾つか卒業まで何度か聞くことがありました。

なんでも、私の通っていた校舎だけでなく周辺の小学校も十勝監獄の囚人たちが作ったそうで、重い木を殆ど人の手で運んだそうです。

帰る場所もない孤独な人が多かったそうなので、亡くなった後も小学校にとどまり続けていたのでしょうか。あまりこの話は、当時の同級生に言ってもなかなか信じて貰えないし、先生の朝礼のスピーチも覚えている人がいないんです」

そう言って、高倉さんは目を伏せた。

走馬灯――（札幌市）

遠縁の親戚にあたる人から紹介していただいた、Ｃさんからとんでもない体験談に纏わる話を聞いた。

人生で一番怖かった日と言えば、未だに忘れられないあの日です。もう何十年も経っているというのに、ふっとあの瞬間を急に思い出して体にぎゅっと力が入って動かなくなる時があるんです。

だからあの日に事件が起こって、病院に行ってから、今まで車の運転をしたことはありません。

運転中に思い出して体に力がぎゅっと入ってアクセルを踏みっぱなしになってしまったら……大事故に繋がりかねないぞ……なんて考えてしまうものですから。

大きな事件だったから、内地でもかなり報道されたんじゃないでしょうか。

東京でも同様の連続事件が当時あったのですが、時限爆弾を使ったテロが北海道庁であったんです。

私がたまたま道庁を訪れていた日に、仕掛けられていた時限爆弾が爆発してしまってふわっと体が浮く感覚と爆風の熱と痛みを同時に感じました。

すると視界がばあっと真っ白になって、映画の早回しのようにざあああっと川の水のように、今までの記憶が鮮明に流れていくのが見えたんです。そして、ざあああっと流れる記憶を見つめながら、あ、これが走馬灯という奴かって分かってしまったんです。

時限爆弾の爆破に巻き込まれたにしては、今思えば冷静ですよね。

でも、ああいう時って人は意外とみんな冷静なのかも知れませんよ。

事故当日の様子も見えていて、しかも僕の姿があって、ああ怪我をしているなあと思って眺めていたら今度は、どんどん老いて行くんですよね。で、家族もいて当時独身だったんですが、結婚式の光景が見えて、引っ越ししたり、仕事に行く姿だったり、ああ、こういう暮らしをこの先するのかと思って見ていて、子供が生まれたような映像のところで「それ以上見るな!!」って大声を聞いて、横を見たら救急隊員らしき人が私の顔を覗き込んでいました。

その後は記憶が無いんです、安心したからでしょうか。

顔が血でぬるぬるで、額を爆風で飛んだガラスで切ってしまったんです。

興奮していたせいか、麻酔をしていた記憶がないんですが、病院で刺さった細かいガラスの欠片をピンセットで抜いて貰った時、殆ど痛みは感じかったんですよ。

それからあの一瞬の間で見た、走馬灯と同じ人と偶然めぐり逢い結婚して……子供もあの時見えたのと同じ女の子でした。

だから、人生ってもしかしたら最初から決まっているというか、予想されているんじゃないかって感じることがあるんです。

あの時、声で叱ってくれるように止めてくれた人がいて良かった。

もし自分の未来を知っていたら、きっと絶望していたと思うんですよ、何をやっても無駄な気がして。あなたは自分の人生が分かったら、つまらないと思いません？

「寿命くらいは分かった方が良いような気もしますけれどね、やり残すことが少なくなりそうですし」

私がそう言うと、

「分かっていたら、かえって生きているのが嫌になりません？」

とCさんに返されてしまった。

仏坂――(函館市)

函館に仏坂と呼ばれる坂がかつてあった。

現在は市役所通りと名前を改められているが、今も尚、仏坂という名で呼ぶ人も多い。

何故、仏坂と呼ばれることになったかというと、会津藩士がこの地を切り開くために作った道なのだが、あまりにも難工事だったために多くの人が亡くなった。そして、亡くなった人をそのままにしておくわけにもいかず、だからと言って墓碑を建てる余裕もない。仕方なく、木や笹の根ががちがちに絡みついた硬い土を掘って、遺体を埋めていった。あまり深く掘れなかったこともあって、獣に掘り返されて遺体を食われることもあった。時には、熊が咥えて遺体を引きずって行く姿を工事中に見ることもあったそうだ。

そんな過酷な工事によって失われた多くの仏が眠る坂道、だから仏坂と言われるようになったらしい。

今もなお、会津藩士の骨は場所によっては埋まったままになっているせいか、時折仏坂を車で通ると車内の空いた席に誰かがいる気配がして、時折「若松へ」などという声を聞く人もいるという。仏坂の近くには、慰霊のための招魂碑が建っている。

送り届けなきゃ――(小樽市)

小樽出身という田中さんからこんな話を聞いた。

これは、父親から何度も聞いた話なんですが、僕のお爺ちゃんは凄く不可解な死に方をしたらしいんです。

僕が産まれた時には、お爺ちゃんは既に故人だったので、どんな人だったのかは、父やお婆ちゃんから聞いた話でしか知らないんですが、酒乱で酷い人だったらしいんです。酒を飲むと怒鳴って、人をひっぱたいて、そうなると何を言っても聞かない。でも、普段飲んでない時は気のいい声の小さい人でした。

ある冬の日の夜、父が長靴を乾かすために新聞紙を丸めて中に詰めていると、外からバタン！　って何かを叩いて倒す音がして、しばらくしてから顔が真っ青なお爺ちゃんが帰って来たんです。その時の顔色が、灰色がかって見えたほど血の気がなくって、しかも見たら左腕の上腕部の服が破れていて、そこから血がだくだく出ていたんです。

父はそれを見て、びっくりしてお婆ちゃんを起こして、二人で病院に今から行こうって言ったそうなんですが、頑としてお爺ちゃんは聞き入れてくれず、こんな傷すぐに治ると言って焼酎をかけるから持ってこい! なんて言ったそうなんです。

お婆ちゃんはおろおろして、酔って誰かと喧嘩したんですかとか、襲われたのかそれとも事故なんですかと聞いたんですが、酒を持ってこい大丈夫だからだとしか言わなくて。

翌朝、昨日はあんなに顔色が悪かったのにお爺ちゃんはケロっとしていて、傷口に包帯を自分で巻いて仕事に行ってしまったんです。

そして、その晩仕事から家に帰って来て何か様子が違うんです。

「ここがお宅で間違いないですよね?」とか「みなさんお揃いでしょうか」って変なことばかりを言って、どうしたどうしたって、皆お爺ちゃんがふざけているか、おかしくなったと思って集まったところで、急にお爺ちゃんが変な口調で喋りだしたんです。

「わたくし、先日自殺して幽霊として彷徨っておりましたカワサキアキノブと申します。この方が亡くなりかけていたので、お体を借りて、ここに送り届けなきゃと思って来た次第です。それではさようなら」

そう言い終えると、急に白目をグルっと剥《む》いて、後向きにバタンってみんなの前で倒れて、酔ってるんですか？　どうしたんですか？　ってお婆ちゃんが駆け寄ったら体が氷みたいに冷たくなっていたらしいんです。

その後、お医者さんや警察官が来て色々と調べたら死後半日くらい経ってるんじゃないかって話も出たらしくって。

だけど、当時の技術だから間違いって可能性もありますけれどね。それに寒かったりすると、死後硬直が早まるだか遅くなるって、ミステリ小説で読んだ記憶があるので、外気温のせいだったのかも知れません。

ともかく、そういう不思議な死に方をして、しかもその時名乗った名前を念のために警察の人に聞いてみたら、たしかにそういう名前の持ち物を持った、身元不明死者が近所で見つかったって教えてくれたんです。

おばけトンネル――(函館市)

函館空港滑走路の真下、ほぼ中央を通っている団助道路トンネルは通称お化けトンネルと呼ばれていて心霊スポットとして有名らしい。

その理由はというと、夜中にこのトンネル内で三回クラクションを鳴らすと三輪車に乗ったオーバーオールを着た男の子が現れるという噂があるからということだった。ただ調べてみたところ、子供がここで事故にあったという話は見つけられず何故そんなエピソードが伝わっているのかは謎だった。

このお化けトンネルの話をしてくれた、函館在住の川崎さんは、夜中にバイクでこのトンネルを通った時に、ビール缶を片手に持った裸足の女性が座り込んでいるのを見たらしい。

何らかのトラブルで置き去りにされたのかも知れないと思って、バイクを止めて女性に近寄るとビールの缶だけを残して、目の前ですうっとその場で消えた。

川崎さんがこの話を職場でするとと同僚が、あのトンネル付近で子供を亡くした母親が半狂乱になって、ビールの缶に煙草と睡眠薬を混ぜこぜにしたものを入れて呑んで命を絶ったって噂があるんだって、というエピソードをし始めたそうだ。

これが事実かどうかは不明だけれど、付近で自殺者が見つかることは時々あるそうですと川崎さんが付け加えた。

彼が見たものが何かは分からないが、この話をしてくれた時は、当時の恐怖を思い起こしてしまったせいか顔色が見る見る悪くなり、最後はふらつくようにして席を立って帰って行った。

ろうそく出せ――（札幌市）

大阪に住む私が知らない地域の風習も多く、先日も夫が札幌の七夕行事『ろうそく出せ』のことを教えてくれた。

夫が子供時代に体験した行事で、どんなものかというと旧暦の七夕の八月七日の夜に、浴衣を着て七人一組になって夜に近所の家を「ろうそくー出ーせー出ーせー　出ーさーないとー　ひっかくぞー　おーまーけーにー　噛み付くぞー」などと歌いながら訪問してお菓子を貰う行事だそうだ。歌には幾つかのバージョンがあるらしい。

日本もこんなハロウィンに似た行事があったのかと思い調べていくうちに、札幌に住む遠縁の親戚のHさんから『ろうそく出せ』に纏わる不思議な話を聞いた。

「今から四十年くらい前の話なんだけれど『ろうそく出せ』に友達と一緒に浴衣を着て缶灯篭《かんとうろう》を持って回っていてね。普通子供だけで夜で歩く機会なんてその日くらいしかないから、楽しくって仕方なくって。

で、町を歩くうちに、細い路地があってね、そこから甘い凄くいい匂いがしたの。

なんだろうって路地を覗き込むと、足元に缶灯篭をずらっと並べたおじさんが猫を膝に載っけて座っていてね、私たちと目が合うとこうちょいちょいと手招きをしてくれてさ。今だったら考えられない話でしょうけど、当時はそんなにね、知らない人の家に上がることをあれこれ言われるような世間じゃなかったから。

私も友達も、なんだか気になったからその人の家ん中に入ってしまったのよ。

おじさんは「こっちへ来るべや。菓子があるでよ」って広げた新聞紙をそれぞれの子供に持たせて、その上に鷲掴みでお菓子を載せてくれた。

おじさんはそれから真っ黒な短い蝋燭をポケットから取り出して、シュッとマッチで火を点けてね、お菓子の上に溶けた蝋をたらたらとかけはじめたの。

その蝋燭の匂いがたまらなくいいにおいでね。砂糖やバターが焦げたような甘い匂いをずっと素晴らしくしたような、たまらないっていうような香りで、手づくりのクッキーと丸いビー玉みたいなキャンディが皿の上に載っていたの。

他の家でいつどんな菓子を貰ったとか全然覚えてないのに、その時のことだけは詳細に思い出すことができるのが不思議でさ。

「ほら、食べて」って言われて、みんな夢中で飢えた犬みたいに新聞紙ごと噛ぶりつかんばかりに食べ始めてね。

でも、溶けた蝋燭がかかっているのに、熱かったり口の中に蝋がひっついたりはしなかった。

みんなあっという間に食べ終えて、お互い手に蝋の滓《かす》や煤《すす》、鼻や頬にはお菓子の欠片がいっぱいくっ付いていていた。

家に帰ったら、知らない人から市販品じゃないお菓子を貰って食べたということで凄く怒られて翌年から親同伴で、回ることになってしまったんだけどね。

どこの家で貰ったのって聞かれたからその場所を答えて、親はお礼を言うために、翌日訪問したらしいんだけど、そこに住んでいたのは子供のいる一家で、私が見たような猫を飼ってるおじさんはいなかった。

それとね、あの時の食べたお菓子の影響かどうか分からないけど、時々、変なものが視えるようになったの。

黒い眼球のスーツ着たぐったりとした男の人だとか、黒い黴た丸太みたいなのがこう、宙に浮いてる絵みたいなのがね、視えるの。

そしたらねえ、その見えた方角で自死した人の遺体が見つかんのさ。

全体は見えなくってぼんやりと霞がかかったみたいでね、数秒だけ現れる感じで怖さはないの。気味は悪いけど、道端に落ちてる犬のフンみたいなもんよ。

それにしても、内地で死ねばいいのに、わざわざ札幌まで来てさ、酷いもんよねえ。ぐちゃぐちゃの黒い汁みたいなん垂らしてくたばってる死体の幻影をさっきもね、指さしてる方角で見たから、そのうち誰かが本物の死体を見つけるんじゃないかなって思ってさ。

他の「ろうそく出せ」で食べた子も、視たことあるらしいの。

でも、視たのは子供の時だけで夢だと思ってたみたいだし、よく覚えて無いみたい。

私だけなのよね、この年になっても度々見るのは。

あとねえ、これは極たまになんだけど、口からね、すうっと青白い火が上がって見えることがあるの。

私の娘がね、受験の直前に青い火を出したもんだから、家にいなさいって注意したの。そしたらその日、よく娘が利用しているバス停でタクシーがスリップして突っ込む事故があったのよ。

変な人だって思われてもね、口から青い火が出たように視えた人にね、注意してって毎回伝えてるのよ。ああ、またこのおばさんが変なこと言ってるって反応が殆どだけどね。

でも、本当に事故に遭いそうになったとか、検査に行ったら体に何か見つかったとかそういう話があるから、やっぱり無関係じゃないよ。

この興味深い話を聞いてから、後日調べてみたところ、現在は「ろうそく出せ」の行事は殆ど行われていないということが分かった。

子供たちが浴衣姿で蝋燭を持ち、家々を訪問する姿を見てみたかっただけに少し残念だなと感じてしまった。

寒川集落の幽霊――(函館市)

匿名希望で取材して欲しいという男性からこんな話を聞いた。

昔、函館市に寒川《さむかわ》という集落が存在しました。

明治の初め頃に、入植が始まり、末期から昭和初期にかけて百人足らずの小さな集落だったそうです。

だからこそ、住民たちの結びつきは強かったのですが厳しい自然に対抗して暮らしていくのは大変だったことや、昭和二十九年の洞爺丸台風によって、集落全体が壊滅的な被害を受けたこともあって、住人達は集落を捨てることを決意し廃村となってしまいました。

そういう集落があるという噂を聞きつけて、廃墟マニアの友人と写真を撮りに行ったんです。いや悪いことだとは思ってますよ。もう廃墟に行ったりは全くしていないです。

ただ、昔の過ちということで聞いて下さい。

昼過ぎに行ったんですが、天気は悪くてかなり薄暗かったです。

寒川小中学校廃墟の近くで、子供が揃って歌う声が聞こえない？　って一緒に行った友人が言い出して、え？　何も聞こえないけどって返事した途端、もうーいーかい？　というかくれんぼをしている子供の声がしたんです。

それから、廃墟内の教室で振り返るとポーンポーンと桃色のゴム製のボールが跳ねていて、何気なくそのボールを手に取って持ち帰ろうかって、友人に言ったら、持って行かないでとズボンの裾を引っ張る確かに指先の感触があったんです。

これは流石に参ってしまって、振り返らずにボールを投げ捨てたんですが、すると、天井の古いスピーカーから確かにハッキリと複数の子供の声で「ありがとう」と聞こえました。

そういうことがあったからという理由だけじゃないですが、もう廃墟には一生行く気はないです。

平和の滝――（札幌市）

札幌駅から車で三十分程走った場所に平和の滝がある。

落差十メートル程の美しい滝で、夏は青紅葉と避暑を求め、秋は紅葉を目当てに多くの観光客が訪れるスポットとして知られている。

平和の滝の名称の由来は、開拓の際に多くの困難に遭遇し、その苦労が長く続かないようにと願って付けたらしい。

そんな平和の滝は、周りに柵が巡らされていないせいか、飛び込みの名所としても知られており、夜に訪れると心霊現象に出会うという話を複数の人から聞いた。

それは、夜に訪れると滝壺の中からザーという水の落ちる音に混ざって「あんたがたどこさ」のわらべ歌をうたう複数の子供の声が聞こえてきて、滝から離れられなくなってしまうという内容だった。

他にも、滝の側に動かない人影が現れるというものも聞いた。

人影は背中を向けて、滝を見たままピクリとも動かず、顔を見てはいけないと言われている。

もし、覗き込んで顔を見てしまったら、何か恐ろしいことが見た人の身に起こってしまうそうだ。実際にその動かない人を見たという体験談も三名の人から聞いたのだが、何故か全員がその身動きをしない滝の側の人は長身の男性だったというのだが服装や年齢の印象はバラバラだった。

一人は作業着のような服を着ていた若い十代の男性で片足だけが何故か泥に汚れていたと言い、別の人が視たのは背広を着た老人で、片手にアタッシュケースを下げていたと言っていた。もう一人は、ジャージを着た学生っぽい男で両手に犬の首輪のついたリードを持っていたということだった。

時間を空けて取材をしても全く同じ恰好を見たといったので、おそらく咄嗟に作った話ではないだろうと思う。

そして、見た人の中の一名は、数日間家から強い腐臭を感じたという話をしてくれた。

その人は、家にどこからか鼠か何かが入り込み、死んで腐っているんじゃないかと探し回ったが何も見つからず、体にその臭いがついてしまったので日に何度もシャワーに入って皮膚が赤くなるまでスポンジにたっぷりと石鹸をつけて擦ったということだった。

その動かない人影とやらを私も見てみたくなったので、平和の滝に行こうとしたのだが、この本の執筆に協力してくれた方の車が故障したため行くことができなかった。タクシーも呼んだのだが、何故か大幅に道を間違えられ、近くですという場所で降ろされたのだが、夜ということもあって道に迷ってしまったことと、熊が出ますよという見知らぬ人からの忠告もあり、訪問を断念してしまった。

時々、心霊スポットが拒むようにたどり着けないという内容の怪談があるが、まさか自分が同じような体験をするとは思ってもみなかった。

S[redacted]の怪――（札幌市）

S[redacted]は、新さっぽろ駅に直結した大型複合施設で、映画館やショッピングモール、水族館等が入っていて、札幌在住の人の多くが一度は訪れたことがあるそうだ。

　そんなS[redacted]に勤務していたというTさんが体験したという話をしてくれた。


「昔からこのS[redacted]で幽霊を見たって人が沢山いるんです。私が学生時代、お客として来ていた頃も、映画館のスクリーンの前を足だけが横切るのを友達と一緒に見てしまったことがあります。他にも、トイレでずぶ濡れのお婆さんが鏡越しに映っているのを見て、振り返っても誰もいなかったりしたこともありました。

　これは最近の話なんですが、屋上で夜間、閉店後に笑い声を聞いたって人が複数いるんです。以前飛び降りがあったからじゃないかって言うんですが、聞こえるのが飛び降りたのは若い女性なのに……男性の声なんですよね。

　それと、水族館の水槽で変な物が泳いでるって報告がたまにあるらしいんです。それが髪の毛らしいんです……人によっては髪の毛の中に笑っている顔を見るそうなんですが……。

S[redacted]が建っている土地って、元々旧北海道陸軍兵器補給廠の附属弾薬庫（厚別弾薬庫）で、四千トンもの弾薬を保管していたんです。

だから、戦後はアメリカ軍が管理していたとかで、その時から既に心霊騒ぎがあったって言われているんです。親戚が当時軍関係の通訳をしていたって人から聞いたんですが、一般の日本人が立ち入れない場所なのに、日本語で何か喋っている人や足音だけを当時のアメリカ軍が聞いたとか。白い腕だけが何十本も這いまわっていたとか。

どうして駅近くの場所なのに、こんなに心霊話が今も昔もあるのか分からないんです。もしかしたら霊の道みたいなのが、この建物の中を通っているのかも知れません。

今もよく、お客さんが来たと思ったら人じゃなくって捻じれて消えてしまったりするのを見てしまうんです。私だけなら幻覚とかそういうので片付けられると思うけど、他にも何人か同じようなものを見たり聞いたりしている人がいるので……もちろんみんながみんなってことはないですが……」

Tさんはそう言ってから、S[redacted]のフロアマップを目の前で広げ幽霊を見たという場所に赤い丸をマーカーで書き込みはじめた。水族館と、映画館、地下一階の西側と、二階のエレベーター付近、そして四階のトイレに印を付け、私に手渡してくれた。

ススキノラフィラエレベーター――（札幌市）

札幌中央区にある、現在建て壊し中の「ススキノラフィラ」と呼ばれていた商業施設は、過去何度も運営テナントが代わっている。

最初は札幌松坂屋が昭和四十九年（一九七四）に開店し、その後イトーヨーカドーと業務提供によって、ヨークマツザカヤとなり、その後ロビンソン百貨店、次にススキノラフィラとなった。

このススキノラフィラには、都市伝説として語られているエレベーターの謎がある。外から見るとエレベーターは四基あるのだが、中に入ると三基しかない。

一番端の四号基だけがＡＴＭによって入り口が塞がれていて、搭乗することができなくなっている。

一昨年前に取材に行った時に実際に確認しに行ったのだが、ススキノラフィラの建物の外側からガラス越しに、エレベータの籠が六階と七階の中途半端な位置で停止しているのが見えた。

このエレベーターの四基目は、ススキノラフィラの前のテナントのロビンソンの頃から同じ位置で三十年以上停止し続けていた。

停止している理由は、心霊現象が多発するからとも、四号基だけ使用頻度が低かったから電気代の節約のためともいう説がある。

だとしても、何故六階と七階という中途半端な位置で停止させているのか、入り口に停止中の札を掲げるのではなく、ATMで塞ぐようにしているのか、しかも上の階ではそのエレベーターの存在を隠すように後から壁を新たに設置しているのか、テナントが代わっても何故同じ四号基のみを止めているのか等、謎のままだ。

このエレベーターは平成六年から八年にかけて、四号基に幽霊が出現して大騒ぎとなり失神した人が救急車で運ばれる事態が起こったという話や、どの階のボタンを押しても七階か八階で止まってしまい、調査しても故障ではなかった話を聞いた。

他にもエレベーターの四基目は、だれも乗れない筈なのに通りかかると子供が乗っていて手を道行く人に振るようなそぶりをするのを見た人がいた話や、ヨークマッザカヤ時代に火災があって亡くなった人がいて、その魂がエレベーターに居ついているという話を聞いたが、火災についての情報は見つけることができなかった。

かなり目立つ繁華街の一角にある建物なので、怪談めいた話を知らなくても、エレベーターの状態を不思議に思い立ち止まって見ていたという人の話も何度か取材中に聞いた。

建て壊されたススキノラフィラの跡地には、二〇二三年に新しい商業施設が建設予定らしい。その新しい施設のエレベーターがどのような作りになるのだろうか。

囚人道路――（中央道路）

北見峠から網走までの間にある百六十キロを超える中央道路は、通称囚人道路と呼ばれている。その理由は、明治二十四年（一八九一）に始まった道路の開通工事に多くの囚人が携わったからだ。

当時のロシアは不凍港を求めて南下策をとっており、北方の防備と開拓は、明治政府にとって一刻も早く、なんとかせねばならない課題だった。

急務として決定した、網走監獄の囚人約千百人と職員二百人余によって行われた道路の開削作業は困難を極め、熊の住む原生林を切り開く工事は満足な工具も殆ど与えられず、時には錆だらけの鎌や鍬で手作業で行われた。次々と病や怪我で死人が出て、血で塗り固めて道を作るつもりなのかという声も出ており、中には不満を中央まで伝えた人もいたのだが、明治政府の役人は工事で囚人が死亡したら、その方が飯も治療費もいらず監獄費が節約になってよいではないかという返事だったそうだ。寒さから身を守る防寒具も与えられず、満足な食事もなく、朝から晩まで重労働を続けた結果、たった一年で道路は完成した。

道路の開削作業にあたった囚人の余りにもひどい待遇を見て、中には脱走の手助けや、脱走した囚人を匿う人もいたそうだ。

そんな話を、大昔の出来事ですが念のために、詳細は明かさないのであれば……という条件で話してくれた人がいた。

私たちの集落は囚人と交流をしていた人が何名かいて、私の曾祖父もそういった中の一人だったそうです。曾祖父と一緒の出身地と同じお国なまりの囚人がいたことが切っ掛けだったと聞きました。

ある晩のこと、家に転がり込むように酷い凍傷の囚人が逃げ込んできて、手の指も足の指もアケビの皮のような色になって、他の皮膚も茄子色に近いほど変色していたそうです。

曾祖父はすぐに火を起こして粥を食べさせて、貧しい家でしたが家の中にある燃料をありったけ焚いて体を温めました。

そうすると粥を啜っていた囚人が眠そうな顔になって、その表情が子供のようだったとかで、顔がこけていたから分からなかったけれど、かなり年が若いのではと更に可哀そうになったと聞いています。

垢だらけの衣の下は、何度も皮膚が破けたような傷痕が幾つもあったそうで、それから「ここから出たら、すぐに地元に帰ります。蜜柑が沢山成る場所です。ここより暖かくて、家があります。蜜柑送ります……」などと微睡《まどろ》みながら囚人は、家族の皆に伝えました。

名前はあえて誰も聞かなかったそうなので、その時やって来た人が誰なのかは分からないし調べようもありません。

曾祖母が、囚人服だと目立つのでと、貸した襤褸を受け取ってから纏うと、真っ暗な闇の中、サイズの合わないゴム靴を履いて雪を踏みしめながら外に出て行ったそうです。雪についた足跡で家に来たのがバレないかと心配していたそうなのですが、天の神さまが見守って下さったのか、明け方前に雪が新しく降って、足跡を消してくれました。

囚人服は直ぐに家の中で燃やしたと聞いています。囚人を匿ったことがバレてしまうと重い罪になりました。交流程度で飯の差し入れなんかは多めに見て貰っていたそうなのですが、もしバレたら大人の男が連れ去られて居なくなるって言われていましたから。

多分、囚人同様に重い作業を無理やりさせられて死んでしまったのでしょう。

そんなことがあってから、一年が過ぎたころです。

吹雪が吹き荒れる日の夜に、玄関先に人の気配を家族の皆が感じました。

こんな日に誰かが訪ねて来るはずもなく……と思って、曾祖父が玄関に行くと、そこには緑の葉とさっき手折ったばかりのような枝の付いた蜜柑が一つ置かれていました。

外は雪なので、玄関を開ければ風や雪が吹き込んでくる筈なのに、そういった跡もなく、家族の皆があの時の囚人が持って来てくれたのだと思ったそうです。

昭和34年6月16日付毎日新聞朝刊
北海道文化資産データーベース
『アイヌ文化志』金田一京助(三省堂)
『札幌地名考　さっぽろ文庫1』札幌市教育委員会編(北海道新聞社)
『札幌の碑　さっぽろ文庫45』札幌市教育委員会編(北海道新聞社)
札幌市平和バーチャル史郎館__平和都市さっぽろ
https://www.city.sapporo.jp/ncms/shimin/heiwa/rekishi_senseki/senseki/senseki_12/
新札幌市史デジタルアーカイブ　新札幌市史　第1巻通史1
史実と神話～戦後75年目の教科書と歴史　MBS　2020年8月30日(日)放送
由緒・偽文書と地域社会　馬部隆弘　著
元郷土史誌「まんだ 38号」
animate Times『懺・さよなら絶望先生』大槻ケンヂ氏公式インタビュー
https://www.animatetimes.com/news/details.php?id=1241742729
栗山町役場
https://www.town.kuriyama.hokkaido.jp/soshiki/51/62.html

※作中の語り手は一部仮名にしています。

参考文献

『北海道伝説紀行』吉田純一

『道南のふしぎ旅』海藤幸美

『札幌風土記　さっぽろ文庫10』札幌市教育委員会（北海道新聞社）

『幕末海防史の研究』原剛（名著出版）

「恐い話」第二話 常紋トンネル幽霊秘話 - 北海道旅客鉄道旭川支社

（2001年2月8日時点のアーカイブキャッシュ）

『幕末観光劇場ヒジカタ君函館戦記』まうのすけ（合同会社工房アルティスタ）

『SHIMADASU』公財日本離島センター

『江差百話　江差の民話・伝説・史話』江差民話研究会

『peeps』2020年9月号

『北海道の口碑伝説』北海道庁編（日本教育出版社）

『日本謎の伝説大百科』勁文社

『むかし話北海道　第五編』日本児童文学者協会北海道支部（北書房）

『ふるさと室蘭ガイドブック』室蘭市総務部広報課

『北海道の歴史散歩』北海道高等学校日本史教育研究会編（山川出版社）

『慟哭の谷』木村盛武（共同文化社）

『新編沼田町史』沼田町

『現代怪談考』吉田悠軌 晶文社

北海道怪談

2023年1月3日　初版第1刷発行

著者…………………………………………………………………………… 田辺青蛙
デザイン・DTP ………………………………………………………………… 延澤武
企画・編集 ……………………………………………………………… Studio DARA

発行人……………………………………………………………………… 後藤明信
発行所……………………………………………………………… 株式会社 竹書房
〒102-0075　東京都千代田区三番町８－１　三番町東急ビル６F
email：info@takeshobo.co.jp
http：//www.takeshobo.co.jp
印刷所………………………………………………………… 中央精版印刷株式会社